Annette Ostermann

Lernvoraussetzungen von Schulanfängern

Beobachtungsstationen
zur Diagnose und Förderung

Mein Dank gilt allen Kindern, die mit ihren Problemen
in der Schule zu mir kamen und mir ermöglichten zu lernen.
Mein Dank gilt ebenfalls allen Lehrkräften und Kollegen,
die mir Hinweise aus der Praxis gaben.

Annette Ostermann

11. Auflage 2023
© 2003 PERSEN Verlag, Hamburg

AAP Lehrerwelt GmbH
Veritaskai 3
21079 Hamburg
Telefon: +49 (0) 40325083-040
E-Mail: info@lehrerwelt.de
Geschäftsführung: Christian Glaser, Sandra Saghbazarian, Robin Schlenkhoff
USt-ID: DE 173 77 61 42
Register: AG Hamburg HRB/126335
Alle Rechte vorbehalten.

Das Werk als Ganzes sowie in seinen Teilen unterliegt dem deutschen Urheberrecht. Die Erwerbenden einer Einzellizenz des Werkes sind berechtigt, das Werk als Ganzes oder in seinen Teilen für den eigenen Gebrauch und den Einsatz im eigenen Präsenz- wie auch dem Distanzunterricht zu nutzen.
Produkte, die aufgrund ihres Bestimmungszweckes zur Vervielfältigung und Weitergabe zu Unterrichtszwecken gedacht sind (insbesondere Kopiervorlagen und Arbeitsblätter), dürfen zu Unterrichtszwecken vervielfältigt und weitergegeben werden.

Die Nutzung ist nur für den genannten Zweck gestattet, nicht jedoch für einen schulweiten Einsatz und Gebrauch, für die Weiterleitung an Dritte einschließlich weiterer Lehrkräfte, für die Veröffentlichung im Internet oder in (Schul-)Intranets oder einen weiteren kommerziellen Gebrauch.
Mit dem Kauf einer Schullizenz ist die Schule berechtigt, die Inhalte durch alle Lehrkräfte des Kollegiums der erwerbenden Schule sowie durch die Schülerinnen und Schüler der Schule und deren Eltern zu nutzen.

Nicht erlaubt ist die Weiterleitung der Inhalte an Lehrkräfte, Schülerinnen und Schüler, Eltern, andere Personen, soziale Netzwerke, Downloaddienste oder Ähnliches außerhalb der eigenen Schule.
Eine über den genannten Zweck hinausgehende Nutzung bedarf in jedem Fall der vorherigen schriftlichen Zustimmung des Verlags.
Sind Internetadressen in diesem Werk angegeben, wurden diese vom Verlag sorgfältig geprüft. Da wir auf die externen Seiten weder inhaltliche noch gestalterische Einflussmöglichkeiten haben, können wir nicht garantieren, dass die Inhalte zu einem späteren Zeitpunkt noch dieselben sind wie zum Zeitpunkt der Drucklegung. Der PERSEN Verlag übernimmt deshalb keine Gewähr für die Aktualität und den Inhalt dieser Internetseiten oder solcher, die mit ihnen verlinkt sind, und schließt jegliche Haftung aus.

Wir verwenden in unseren Werken eine genderneutrale Sprache. Wenn keine neutrale Formulierung möglich ist, nennen wir die weibliche und die männliche Form. In Fällen, in denen wir aufgrund einer besseren Lesbarkeit nur ein Geschlecht nennen können, achten wir darauf, den unterschiedlichen Geschlechtsidentitäten gleichermaßen gerecht zu werden.

Autorschaft:	Annette Ostermann
Covergestaltung:	TSA&B Werbeagentur GmbH, Hamburg
Coverfoto:	© goodmoments - fotolia.com
Illustrationen:	Uwe Müller
Satz (Überarbeitung):	MouseDesign Medien AG, Zeven
Druck und Bindung:	SDK Systemdruck Köln GmbH & Co. KG, Köln

ISBN: 978-3-8344-3875-1
www.persen.de

Inhaltsverzeichnis

Vorwort
Warum dieses Buch geschrieben wurde 5

I. Sensomotorische Verarbeitung als Grundlage für das Lernen in der Schule 7

1. **Entwicklung der Wahrnehmung, des Verhaltens und des Lernens** 8
   1.1 Sensorische Integration 8
   1.2 Entwicklung der Wahrnehmung 9

2. **Wahrnehmungsstörungen – Symptome und Folgen** 10
   2.1 Verzögerte Sprachentwicklung 10
   2.2 Koordinationsschwierigkeiten und schwacher Muskeltonus 10
   2.3 Geringes Selbstbewusstsein 10
   2.4 Kompensations- und Vermeidungstechniken 11
   2.5 Abweichungen von der Norm 11

3. **Wahrnehmungsstörungen und ihre möglichen Auswirkungen auf das Lernen in der Schule** 12
   3.1 Probleme mit den körperbezogenen Wahrnehmungssinnen 12
   3.2 Handlungsprobleme und Dyspraxie 12
   3.3 Taktile Wahrnehmung 13
   3.4 Körpermittellinienkreuzung 14
   3.5 Augenmotorik 14
   3.6 Visuelle Wahrnehmungsprobleme 14
   3.7 Akustische Wahrnehmungsprobleme ... 15
   3.8 Intermodale Verarbeitung 15

II. Durchführungsmöglichkeiten 16

1. **Aufbau der Beobachtungsstationen** 17

2. **Durchführungsmöglichkeiten und Konsequenzen für eine Förderung** 17
   2.1 Einsatz im Kindergarten 17
   2.2 Einsatz in der Schule vor der Einschulung . 18
   2.3 Einsatz im ersten Schuljahr 18
   2.4 Durchführung in höheren Klassen 19

3. **Durchführungshinweise** 20
   3.1 Durchführungshinweise zu speziellen Stationen 20

III. Beobachtungsstationen 21

1. **Körperbezogene basale Fähigkeiten: Gleichgewicht, Körpereigenwahrnehmung, taktile Wahrnehmung, Bewegungs- und Handlungsplanung und Augenmotorik (1. Stufe)** 21

   Station 1.1: Gleichgewicht: Auf Zehenspitzen stehen 22
   Hinweise auf eine Förderung durch Sport 23
   Station 1.2: Bewegungsplanung und vestibuläre Wahrnehmung: Rückwärts gehen mit Drehung .. 24
   Station 1.3: Propriozeptive Wahrnehmung (Tiefensensibilität): Gewichte unterscheiden 27
   Station 1.4: Körpergefühl und taktile Wahrnehmung: Berührungsorte am Körper erkennen 29
   Station 1.5: Augenmotorik und Auge-Hand-Koordination: Liegende Acht 31
   Station 1.6: Augenmotorik: Linien mit den Augen verfolgen 33

2. **Körperkoordination und Feinmotorik (2. Stufe)** 35

   Station 2.1: Körperkoordination: Balancieren . 36
   Station 2.2: Pinzettengriff: Geldstücke auflesen 38
   Station 2.3: Körperkoordination und Bilateralität: Ball fangen 39
   Station 2.4: Körperkoordination: Hüpfen auf einem Bein 40
   Station 2.5: Feinmotorik: Graphomotorik und Auge-Hand-Koordination: Linien nachzeichnen 42

3. **Visuelle Wahrnehmung (3. Stufe)** 45

   Station 3.1: Figur-Grund-Wahrnehmung: Umrisse erkennen 46
   Station 3.2: Raum-Lage-Wahrnehmung: Raum-Lage-Orientierung auf dem Papier 51
   Station 3.3: Raum-Lage-Wahrnehmung des eigenen Körpers im Raum: Tisch und Ball in Beziehung setzen 58
   Station 3.4: Optische Gliederung: Versteckte Figuren 61
   Station 3.5: Optische Differenzierung: Sinnfreie Formen 65

4. Akustische Wahrnehmung (4. Stufe) 70

Station 4.1: Lautdifferenzierung: Wörter 71
Station 4.2: Lautdifferenzierung:
Sinnfreie Silben 72
Station 4.3: Akustische Gliederung:
Versteckte Wörter 73
Station 4.4: Figur-Grund-Wahrnehmung:
Geschichte hören
bei Störgeräuschen 74
Station 4.5: Rhythmische Differenzierung:
Rhythmus klatschen 76

5. Sprachfähigkeit und Mengenvorstellungen (5. Stufe) 77

Station 5.1: Sprachfähigkeit:
Lautbildungsfehler (Dyslalie)
in der Sprache des Kindes 78
Station 5.2: Sprachfähigkeit:
Dysgrammatismus 82
Station 5.3: Sprachfähigkeit: Stottern 83
Station 5.4: Mengenvorstellungen:
Mengeninvarianz 84

6. Intermodale Kodierung und Serialität (6. Stufe) 85

Station 6.1: Intermodale Verbindung:
Abruf optisch-akustisch 86
Station 6.2: Intermodale Verbindung:
Abruf akustisch-optisch 89
Station 6.3: Visuelle Serialität:
Reihen mit sinnvollen Bildern ... 91
Station 6.4: Visuelle Serialität:
Reihen mit sinnarmen Figuren .. 93
Station 6.5: Akustische Serialität:
Reihen mit sinnvollen Wörtern .. 95
Station 6.6: Akustische Serialität:
Reihen mit sinnfreien Silben 96

7. Anweisungsverständnis und logisches Denkvermögen (7. Stufe) 97

Station 7.1: Anweisungsverständnis: Tätigkeit
nach mündlicher Anweisung 98
Station 7.2: Logisches Denken:
Was gehört nicht dazu? 99

IV. Beobachtungs- und Auswertungsbögen 101

1. Beobachtungsbögen für das einzelne Kind .. 102

2. Auswertungsbögen für eine Klasse 112

3. Auswertungsbogen der Förderbereiche für einzelne Kinder 114

V. Förderung von Kindern 115

1. Förderpläne am Beispiel einzelner Kinder . 116

1.1 Schülerin Anna: Förderbedarf mit dem
Schwerpunkt in der akustischen
Wahrnehmung 116
1.2 Schülerin Britta: Förderbedarf aus einer
Kombination, die vor allem Bewegungs-
planung, Körpermittellinienkreuzung,
Bilateralität und taktile Wahrnehmung
betrifft 117
1.3 Schülerin Corinna: Förderbedarf mit dem
Schwerpunkt in den körperbezogenen
basalen Fähigkeiten 118
1.4 Schüler Alexander: Förderbedarf mit dem
Schwerpunkt in der Augenmotorik und der
akustischen Gliederungsfähigkeit 119
1.5 Schüler Benjamin: Förderbedarf aus einer
Kombination der Raum-Lage-
Wahrnehmung, Bilateralität und
Körpermittellinienkreuzung 120
1.6 Schüler Christof: Förderbedarf aus einer
Kombination aus Mengenvarianz und
visueller Wahrnehmung 121
1.7 Allgemeine Hinweise zur Förderung 121

2. Kriterien für einen Fördererfolg 122

3. Elterngespräche in der Schule 123

4. Elterngespräche in der Kindertagesstätte .. 124

VI. Acht Fragen, die immer wieder gestellt werden .. 125

1. Muss ich alle Kinder bei jeder Station
beobachten? 126
2. Sind die Aufgaben zu schwer und
alltagsfern? 126
3. Warum soll ich so hart bewerten? 126
4. Kann ich mit dem Instrumentarium
Kindern Schaden zufügen? 127
5. In welcher Weise profitiere ich als
Lehrkraft oder Erzieherin
von den Beobachtungsstationen? 127
6. In welcher Weise profitieren Eltern und
Kinder von der Beobachtung? 128
7. Wie objektiv können die Beobachtung und
die daraus resultierenden Ergebnisse
bei der schnellen Entwicklung von Kindern
in dem Alter sein? 129
8. Wie kann ich derart unterschiedliche
Kinder in einer Klasse individuell fördern? . 129

VII. Glossar 131

VIII. Literaturverzeichnis 136

Vorwort

Warum dieses Buch geschrieben wurde

Wussten Sie schon, dass ...

gemäß des Übereinkommens über die Rechte des Kindes (UN-Kinderkonvention) jedes Kind ein Recht auf Bildung (Artikel 28) hat? Dass sich die Vertragsstaaten verpflichtet haben, Maßnahmen zu treffen, die den regelmäßigen Schulbesuch fördern und den Anteil derjenigen Schüler, welche die Schule vorzeitig verlassen, verringern helfen? In Artikel 29 heißt es weiter, dass die Persönlichkeit, die Begabung, die geistigen und körperlichen Fähigkeiten des Kindes voll zur Entfaltung gebracht werden sollen. Schüler haben ein Recht auf eine ihren Fähigkeiten gemäße Förderung.

Die Bundesrepublik Deutschland hat diese Konvention ratifiziert. Daraus folgt, dass es Aufgabe der Schule ist, sicherzustellen, dass alle Kinder einen für sie „passenden" Lernzugang haben. Außerdem müssen die potentiellen Fähigkeiten der Kinder optimal gefordert und gefördert werden.

Nur: Wie sieht es mit der Gewährleistung dieser Rechte aus? Wie können die darin enthaltenen Ziele für Erzieher zu konkreten und erreichbaren Zielen auf praxisnahen Wegen werden?

Dieses Buch beschreibt einen dieser Wege.

Es zeigt, welche Voraussetzungen Kindern das Lernen in der Schule erleichtern oder überhaupt erst ermöglichen. Es zeigt, wie jedes Kind gefordert und gefördert werden kann, so dass es Zugang zu den Bildungsinhalten ebenso wie zur Gemeinschaft finden kann. Insofern sind die Kinder die Nutznießer.

Geschrieben ist es für Erzieher, Grundschul- und Sonderschullehrkräfte, Sonder- und Sozialpädagogen, interessierte Eltern sowie Therapeuten und Mediziner, die mit Schul- oder Vorschulkindern zu tun haben. Sie alle können dazu beitragen, dass Kinder einen leichteren Start in die Schule haben.

In der Regel sind Kinder, wenn sie in der BRD eingeschult werden, sechs, viele sogar sieben Jahre alt. Mit Vollendung des siebten Lebensjahres ist aber die Entwicklung des Gehirns für sensomotorische Verarbeitungsprozesse im Wesentlichen abgeschlossen. Schule und Unterricht bauen auf einen gelungenen sensomotorischen Lernprozess auf. Die Zahl der Kinder, bei denen die Verarbeitungsmechanismen spontan nicht ausreichend ausgebildet sind, nimmt zu. Schätzungen geben 10 % bis 20 % eines Jahrgangs an. In der Schule werden diese Kinder als noch nicht schulreif, minderbegabt, unkonzentriert, unerzogen oder verhaltensauffällig eingestuft. Dies beschreibt aber eher die Symptome einer nicht ausreichenden Hirnentwicklung und nicht die Ursachen des konkreten Verhaltens.

Dieses Buch zeigt, welche Verarbeitungsprozesse für das Lernen in der Schule – insbesondere für die ersten Schuljahre – benötigt werden, und zwar nicht nur für das Arbeiten an den Lehrgängen in Mathematik, Lesen und Schreiben, sondern auch für soziales Verhalten und Lern- und Arbeitsverhalten in einer Klassengemeinschaft.

Es bietet ein Instrumentarium, das in Stationen gegliedert, eine systematische Beobachtung ermöglicht. So können die wesentlichen Voraussetzungen erfasst werden, die für das Lernen in der Schule wichtig sind. Deren Fehlen oder schwächere Ausbildung können gravierende Konsequenzen für das Lernen in der Schule haben. Die Beobachtungsstationen wurden so ausgewählt, dass sie mit Mitteln, die Lehrkräften und Erziehern zur Verfügung stehen, durchgeführt werden können. Vorschläge, wie die Beobachtung praktisch im Schulalltag integriert werden kann, erleichtern ihre Anwendung.

Das Instrumentarium ist effektiv, wenn man das Verhältnis von zu investierender Zeit und dem Erkenntnisgewinn betrachtet. So kann bei jedem Kind sehr schnell und sehr frühzeitig herausgefunden werden, welche konkreten Wahrnehmungsverarbeitungsfähigkeiten und Lernvoraussetzungen vorhanden sind und welche nicht oder nur teilweise ausgebildet sind. Das ist letztlich die Voraussetzung dafür, dass die Kinder angemessen gefördert werden können, statt als „faul", „dumm" o. Ä. abgestempelt zu werden.

Nachfolgend erfahren Sie, inwiefern sich dieses Buch von anderen abhebt, die sich ebenfalls mit der schulischen Förderung und der Erfassung von Lernvoraussetzungen befassen. Außerdem zeige ich, welche Hilfen sich für Pädagogen ergeben und wie diese profitabel genutzt werden können.

Bei der üblichen Beobachtung der Kinder in der Schule wird in der Regel nur summatives Verhalten (Phänomenebene) erkannt, z. B. „das Kind ist unkonzentriert". Selten werden die einzelnen Aspekte dieses Verhaltens isoliert festgestellt, die zu diesem Gesamtbild führen, z. B.:

- das Kind hat eine schlechte akustische Figur-Grund-Wahrnehmung und versteht Äußerungen ab einem gewissen Geräuschpegel nicht mehr.
- das Kind hat Schwierigkeiten bei der optischen Gliederungsfähigkeit und findet deshalb die Aufgaben auf dem Arbeitsblatt nicht.
- das Kind hat Probleme bei der Handlungsplanung und beginnt deshalb sehr zögerlich oder gar nicht mit Aufgaben.

Dieses Instrumentarium stellt einzelne Aspekte

bzw. Fertigkeiten der Wahrnehmung und des Handelns getrennt voneinander fest.

Das Besondere daran ist die Gestaltung der Beobachtungsaufgaben, bei der Kompensationstechniken nicht wirksam werden können oder zumindest der Rückgriff auf selbige sofort auffällt. Dies ist wichtig, da einige Kompensationstechniken zwar eine gewisse Zeit helfen, den geforderten Lernstoff zu bewältigen, aber dafür ursächlich sind, dass die Kinder über eine bestimmte Stufe nicht hinauskommen. Die Schwierigkeiten der Kinder werden so viel zu spät erkannt und erhalten deshalb oft zu spät förderliche Hilfe. Außerdem haben sie viel Zeit und Energie in die Verbesserung von Lernprozessen gesteckt, die sie in eine Sackgasse geführt haben. Bei genauer Kenntnis der Probleme und der Fördermöglichkeiten kann eine Zurückstellung oder Einweisung in einen Schulkindergarten häufig vermieden werden. Außerdem lassen sich beim Kind weitestgehend Gefühle von Versagen und Unfähigkeit vermeiden und die Lernfreude erhalten, was ebenfalls in der UN-Kinderkonvention enthalten ist.

Für jede Lernvoraussetzung werden die möglichen Auswirkungen ihres Fehlens für das Lernen in der Schule beschrieben. Fehlende Lernvoraussetzungen im Bereich der sensomotorischen Verarbeitung wirken sich nicht immer gleich aus. Einige Kinder sind sowohl bezüglich ihres Verhaltens als auch ihrer Lernleistungen dauerhaft völlig unauffällig, manche nur während des ersten Schuljahres, obwohl sie nachgewiesenermaßen deutliche Probleme bei der sensomotorischen Verarbeitung haben. Umgekehrt lassen sich bei Kindern mit Teilleistungsstörungen und bestimmten Formen von Verhaltensauffälligkeiten fast immer Schwierigkeiten in der Wahrnehmungsverarbeitung nachweisen. Die Förderung der Kinder sollte jedoch nicht erst einsetzen, wenn sicher ist, dass sie eine Teilleistungsstörung haben, sondern präventiv, um eine solche zu vermeiden. Eine Förderung schadet jedoch in keinem Fall – auch nicht den Kindern, die auch ohne entsprechende Förderung keine Probleme in der Schule entwickelt hätten.

Mit dem Wissen um die einzelnen Lernvoraussetzungen kann der Pädagoge sein Augenmerk auf bisher in ihrer möglichen Bedeutung verkannte Verhaltensweisen bei Kindern richten. Üblicherweise sehen wir nur, was für uns eine Bedeutung hat. Ist den Lehrkräften die Bedeutung von bestimmten Verhaltensweisen nicht geläufig, können sie dies weder registrieren noch ihm eine adäquate Bedeutung beimessen. So können eine ungeschickte oder ungewöhnliche Stifthaltung gar nicht bemerkt werden. Oder es werden aus der Beobachtung keine Konsequenzen für den Unterricht gezogen, weil von den Auffälligkeiten in der Stifthaltung nicht auf eventuell vorhandene Störungen der propriozeptiven Wahrnehmung geschlossen wird.

Sind sich Lehrkräfte und Erzieher der Zusammenhänge zwischen den einzelnen Lernvoraussetzungen und dem Lern-, Sozial- und Arbeitsverhalten eines Kindes bewusst, können sie zu anderen Erklärungen für das Verhalten des Kindes gelangen. Andere Erklärungen erweitern die Möglichkeiten des Pädagogen, mit einem Kind umzugehen, in Interaktion zu treten und auf sein Verhalten zu reagieren.

Häufig verändert sich die emotionale Qualität der Beziehung zum Kind positiv als Folge eines anderen Blicks auf das Kind mit anderen Erklärungsmustern. Die emotionale Beziehung zum Kind verbessert sich, da in der Regel negative Attribuierungen des Verhaltens (z. B. das Kind ist ungehorsam und will mich ärgern) durch neutrale Attribuierungen (z. B. das Kind versteht bei Umgebungsgeräuschen nicht, was ich sage) ersetzt werden. Lehrkräfte bekommen andere Interpretationsmöglichkeiten für das Verhalten des Kindes. Beispielsweise:

– Haben sie bisher häufig das Verhalten eines Kind dahingehend gedeutet, dass das Kind besonders viel persönliche Zuwendung braucht und daraus gefolgert, dass es noch nicht schulreif ist? Jetzt können sie sich das gleiche Verhalten alternativ erklären: das Kind hat Probleme mit der Handlungsplanung mit der Konsequenz, dass ihm die Arbeitsschritte sehr kleinstufig vorgemacht werden müssen.

– Aus einem bisher als unfolgsam eingeschätzten Kind, das man folglich erst einmal erziehen muss, wird eines mit einem sehr schlechten akustischen Kurzzeitgedächtnis, dem man helfen muss, sein akustisches Kurzzeitgedächtnis zu trainieren und dem man andere Strategien zum Merken von Aufträgen vermitteln muss.

Um Unterrichtsangebote je nach Lernvoraussetzungen des einzelnen Kindes differenziert geben zu können, müssen die Lernvoraussetzungen bekannt sein. Auch die Schwierigkeiten, die sich aus einzelnen nicht vorhandenen oder schwach ausgebildeten Lernvoraussetzungen für jedes Kind bei den verschiedenen Inhalten und Aufgabenstellungen ergeben können, müssen den Lehrkräften bewusst sein. Lehrkräfte erkennen durch dieses Instrumentarium, an welchen Stellen sie ansetzen können und wie Aufgaben aufbereitet sein müssen, damit das einzelne Kind einerseits die Lernvoraussetzungen erwerben kann und andererseits mit den vorhandenen Lernfähigkeiten trotzdem an den Lehrgängen mit Erfolg arbeiten kann. Dies wird bei den einzelnen Beobachtungsstationen erläutert und zusätzlich exemplarisch im komplexen Zusammenspiel der einzelnen Fähigkeiten, Wahrnehmungen zu verarbeiten, an den Ergebnissen einzelner ausgewählter Kinder dargestellt. Das Instrumentarium ist geeignet, eine individuelle Förderung zu initiieren. Es hat zum Ziel, dass kein Kind wegen Nicht-Erreichens einer Schulleistung aussortiert wird.

I.
Sensomotorische Verarbeitung als Grundlage für das Lernen in der Schule

1. Entwicklung der Wahrnehmung, des Verhaltens und des Lernvermögens

Schätzungsweise jedes 6.–8. Kind nach Pfluger-Jakob (1994) bzw. jedes 10.–20. Kind nach Ayres (1984) weist auffällige Entwicklungsverläufe aufgrund von Hirnfunktionsstörungen auf. Die Tendenz scheint steigend. Die Folgen von sensorischen und motorischen Wahrnehmungs- und Integrationsstörungen zeigen sich bei den Kindern in Bewegungsabläufen, in der Sprache, im Spiel, im Kontaktverhalten, in der emotionalen Befindlichkeit und im Lernverhalten. In der Schule erkennbare Lern- und Leistungsstörungen lassen sich vielfach auf Schwierigkeiten in der Reizverarbeitung zurückführen.

Wahrnehmung ist eine Leistung des Gehirns. Reize der Sinnesorgane werden als ununterscheidbare einheitliche neuronale Impulse an das Gehirn gegeben. Das Gehirn gibt den Impulsen eine Bedeutung. Zur Wahrnehmung bzw. Wahrnehmungsverarbeitung gehören die Auswahl, die Verknüpfung mit anderen Informationen (aus der Wahrnehmung oder dem Gedächtnis), die Einordnung und die Deutung. Jede Wahrnehmung sowie die Integration verschiedener Wahrnehmungen ist ein sich Organisieren des Gehirns. Die Integration der Sinne ist ein Ordnen der Empfindungen, um sie für eine Handlung gebrauchen zu können.

Uns stehen folgende Wahrnehmungssinne zur Verfügung:

- **Propriozeptive Wahrnehmung:** Dies ist die Körpereigenwahrnehmung, zu der hauptsächlich die Tiefensensibilität gehört, die Informationen über den Spannungsgrad der einzelnen Muskeln und die Gelenkstellungen gibt.
- **Vestibuläre Wahrnehmung:** Dies ist die Wahrnehmung des Gleichgewichtsorgans im Innenohr, die Informationen über das Gleichgewicht, die Schwerkraft und die Veränderung von Bewegungsgeschwindigkeiten sendet.
- **Taktile Wahrnehmung:** Diese betrifft Berührungen und das Tastempfinden.
- **Viszerale Wahrnehmung:** Sie gibt Information über die inneren Organe und Blutgefäße, z. B. Blutdruck, Herzschlag oder Blutzuckerspiegel.
- **Visuelle Wahrnehmung:** Diese vermittelt uns die Farben und Formen unserer Umgebung (Sehen).
- **Akustische Wahrnehmung:** Diese vermittelt die Frequenz von Luftschwingungen (Hören).
- **Olfaktorische Wahrnehmung:** Diese vermittelt den Geruch.
- **Gustatorische Wahrnehmung:** Diese vermittelt den Geschmack.

1.1 Sensorische Integration

Wahrnehmungen stehen nicht isoliert nebeneinander, vielmehr beruhen die meisten alltäglichen Handlungen auf der Integration sensorischer Prozesse. Die **sensorische Integration** ist ein Entwicklungsschritt der menschlichen (Hirnreife-)Entwicklung.

Das Phänomen der sensorischen Integration lässt sich sehr gut am Beispiel des Orangenschälens erklären. Wenn ich eine Orange schäle, habe ich eine *propriozeptive Wahrnehmung* über die Gelenk- und Sehnenstellung sowie die Muskelanspannungen während des Schälens, eine *kinästhetische* Rückmeldung über den Bewegungsablauf, eine *vestibuläre Wahrnehmung* über die Bewegung und das Halten des Gleichgewichts, eine *taktile Wahrnehmung* von der Beschaffenheit der Orange, eine *visuelle Wahrnehmung*, das heißt, ich sehe die Orange und meine Hand, die die Orange schält, eine *akustische Wahrnehmung*, da die Orangenschale, die aufreißt, leise zischt. Ich rieche die Orange und in meiner Erinnerung schmecke ich sie auch schon, während ich sie schäle. Wenn ich nicht eine gelungene sensorische Integration hätte, wüsste ich nicht, dass es sich um eine Orange handelt und nicht um fünf verschiedene, von denen her ich Wahrnehmungen habe. Das Ergebnis einer gelungenen sensorischen Integration besteht einerseits aus dem guten Zusammenspiel von Händen, Fingern und Augen und andererseits der Fähigkeit, die Orange als Ganzes zu erkennen, um die Augen, Hände und Finger planvoll und koordiniert zu gebrauchen. Lernen in der Schule verlangt eine Vielzahl dieser zielgerichteten komplexen Handlungen.

Wenn Kinder in die Schule kommen und dort lernen sollen, dann haben sie schon eine lange Zeit des sensomotorischen Lernens hinter sich. Das Kind hat gelernt, sinnliche Wahrnehmungen mit Bedeutungen zu versehen und die Wahrnehmungen in der richtigen Weise zu verbinden. Es hat sein Nervensystem strukturiert und entwickelt. Mit dem siebten Lebensjahr sind wesentliche Teile der Hirnreifung abgeschlossen. Das Gehirn ist bis zum Ende des siebten Lebensjahres am aufnahmefähigsten. In dieser Zeit entwickelt es Strukturen, die die Grundlage für eine gelungene sensorische Integration bilden.

Die sensorische Integration, die Fähigkeit, wichtige Botschaften zu erkennen und hieraus eine Reaktion in Form von Bewegung zu planen, auszuführen und zu steuern und diese Antwort wieder zu spüren, sollte zu einem wesentlichen Teil gelungen sein. Sie ist die bestmögliche Verarbeitung und Beantwortung von Sinnesreizen für eine erwünschte Handlung. Die Ausbildung der sensorischen Integration ist nicht etwas Absolutes, man hat weder eine vollständig gelungene noch gar keine sensorische Integration, sondern sie kann in allen Abstufungen bis zur Perfektion entwickelt sein.

Wenn das Gehirn sinnliche Wahrnehmung schlecht verarbeitet oder nur bedingt Reize das Gehirn erreichen, führt dieser Umstand im Leben des betreffenden Menschen zu verschiedensten Schwierigkeiten. Er muss sich mehr anstrengen und hat häufiger Probleme als andere, zudem hat er trotz aller Bemühungen weniger Erfolg und Befriedigung. Ungefähr fünf bis zehn Prozent der Kinder in der westlichen Kultur mit steigender Tendenz (AYRES, 1984) haben so große Schwierigkeiten in ihrer Verarbeitung sinnlicher Wahrnehmungen, dass sie zu langsamen Lernern werden oder aber Verhaltensprobleme haben. Davon abgesehen erscheinen diese Kinder jedoch in jeder Hinsicht normal und besitzen genauso häufig wie andere Kinder eine durchschnittliche bis überdurchschnittliche Intelligenz.

Sensorische Integration hat somit nichts mit Intelligenz zu tun, wohl aber mit der Möglichkeit, diese nutzen zu können. Sie ist ein Teil der normalen Entwicklung, entwickelt sich in einer bestimmten Reihenfolge und braucht in jeder Entwicklungsstufe Nervenreize und Sinnesangebote. Jede Stufe baut in der Regel auf der vorherigen auf und verbindet sich mit ihr. Die Reihenfolge der Entwicklung der Wahrnehmungsverarbeitung, die Integration der Wahrnehmung sowie ihre Verarbeitung in Form von Reaktionen bestimmt die Wichtigkeit. Je grundlegender eine Sinneswahrnehmung für das Sinnessystem ist, desto wichtiger ist seine Funktion.

1.2 Entwicklung der Wahrnehmung

Zuerst muss der eigene Körper gefühlt, ausprobiert und erfahren werden. Dafür sind die Körpersinne bedeutungsvoll. Sie sind unsere Innenfühler und geben uns Informationen über uns selbst. Dazu gehört die *viszerale Wahrnehmung*, die uns Informationen über die inneren Organe gibt. Bei starker Erregung und heftigem Herzschlagen muss ich mich erst beruhigen, um dem anderen zuzuhören. Mit leerem Magen sind alle meine Wahrnehmungen auf die Befriedigung dieses Bedürfnisses gerichtet.

Zu den Körpersinnen gehört die *propriozeptive Wahrnehmung*. Sie gibt uns Informationen von den Muskeln und Gelenkstellungen. Wir erfahren durch die propriozeptive Wahrnehmung etwas über unsere Kraft und das Gefühl für Bewegung. Von den Gelenken erfahren wir etwas über Gelenk- und Körperstellung. Sehnen, Muskeln und Gelenke lassen uns unsere Stellung, Bewegung und Kraft empfinden und kontrollieren.

Die *vestibuläre Wahrnehmung* ist die Wahrnehmung des Gleichgewichtsorgans im Innenohr. Über sie spüren wir die Stellung unseres Körpers in Bezug auf die Schwerkraft, unser Gleichgewicht und unsere Veränderungen von Bewegungen, das heißt, die Beschleunigungen und das Abbremsen von Bewegungen. Über den Gleichgewichtssinn sind wir mit dem Körper im Umgebungsraum verankert. Durch die Verbindung und Vernetzung der Körpersinne entsteht eine Sicherheit beim Stehen, Gehen, in allen Körperstellungen und bei allen Formen der Bewegung. Bewegungen kann ich nur ausführen, wenn ich sie innerhalb des Gehirns geplant habe, um dann die einzelnen Handlungsteile in einer genauen Ordnung und Reihenfolge durchzuführen. Die Fähigkeit zur Bewegungsplanung ist ihrerseits eine Voraussetzung für eine Handlungsplanung und im weitesten Sinne die Basis für alle Denkprozesse. Denken ist die nachvollzogene oder neu kombinierte Handlung im Gedächtnis, das heißt, ursprünglich wurde handelnd ausgeführt, was wir jetzt in der Erinnerung neu kombinieren.

Die *taktile Wahrnehmung* erfolgt über die Haut. Wir erfahren etwas über unsere äußere Wand und unsere Begrenzungen. Über die Haut spüren wir uns selbst. Wir erfahren Kontakt und Gefahr. Durch Berührungen spüren wir uns selbst und erleben unsere Körperausdehnung.

Die Fernsinne sind unsere Außenfühler. Sie geben uns Informationen von unserer Umgebung. Die *olfaktorische Wahrnehmung* vermittelt uns den Geruch, die *gustatorische Wahrnehmung* den Geschmack. Die *auditive Wahrnehmung* vermittelt uns die Frequenz von Luftschwingungen, den Klang. Der Klang einer Stimme und ihre Lautstärke erreicht uns lange bevor uns der Sinn der Worte Informationen gibt. Beides zusammen ergibt erst gute akustische Information. Die *visuelle Wahrnehmung* vermittelt uns die Farben und Formen unserer Umgebung. Eine Gestalt tritt in den Vordergrund und prägt sich als Form ein. Wir erkennen sie aus jeder Entfernung und in jeder Lage.

Keine Information nützt uns ohne Bedeutung. Alles Bedeutungslose entzieht sich der Wahrnehmung. Nur Bedeutungsvolles bleibt in unserem Gedächtnis. Alle im Gedächtnis gespeicherten Erfahrungen können wir abrufen und innerlich ablaufen lassen. Denken ist nachvollzogene oder neu kombinierte Handlung im Gedächtnis, etwas, was niemals gehandelt wurde oder potentiell gehandelt werden kann, kann nicht gedacht werden. Alle Grunderfahrungen muss jeder Mensch selber machen.

Ergebnisse einer guten sensorischen Integration sind Konzentration und Merkfähigkeit, Tonus- und Gleichgewichtsregulation, Körper- und Feinkoordination, Kraftdosierung und Feinmotorik, Wortverständnis und Sprache, Rhythmus und Musikalität, Lesen, Schreiben und Rechnen, Selbsteinschätzung, Selbstsicherheit und Selbstbewusstsein. Störungen der sensorischen Integration können zu viel oder zu wenig Reaktionen auf Sinnesreize, eine nicht angepasste Bewegung, eine mangelnde Koordination, Schwierigkeiten beim Lernen oder seltsame Verhaltensweisen sein.

2. Wahrnehmungsstörungen – Symptome und Folgen

Störungen der sensorischen Integration sind nicht einfach zu erkennen, weil sich die Probleme bei jedem Kind verschieden äußern können. Ein Symptom sind Hyperaktivität und Ablenkbarkeit. Dabei ist die Hyperaktivität oder Zappeligkeit häufig das erste Zeichen einer Störung der sensorischen Integration und der Wahrnehmungsverarbeitung, die schon vor Schulbeginn auffällt. Das Kind ist die ganze Zeit über in Bewegung. Viele seiner Aktivitäten sind aber nicht zweckmäßig. Stillzusitzen und sich auf etwas zu konzentrieren ist nahezu unmöglich. Ablenkbarkeit ist ein Hauptproblem in der Schule. Da das Kind Geräusche und Lichteindrücke nicht abschalten oder ausblenden kann und viele Menschen, die unterschiedliche Dinge tun, beim Kind zusätzlich Verwirrung verursachen, arbeitet es niemals bis an seine Leistungsgrenze. So lange ein Gehirn Sinneseindrücke und motorische Handlungen nicht richtig ordnen kann, ist sein Besitzer ebenso wenig in der Lage, einen Schrank, der voll von Kleidern ist, einen Ranzen mit Büchern, Heften und Bleistiften oder einen Arbeitsplatz in Ordnung zu halten.

2.1 Verzögerte Sprachentwicklung

Sprache und Sprechvermögen beruhen auf zahlreichen Integrationsprozessen sinnlicher Wahrnehmung und motorischer Reaktion, so dass Entwicklungsverzögerungen im Bereich der Sprachentwicklung besonders geeignet sind, auf Unregelmäßigkeiten bei Prozessen der Sinnesverarbeitung hinzuweisen.

2.2 Koordinationsschwierigkeiten und schwacher Muskeltonus

Der Muskeltonus ist dafür verantwortlich, dass der Körper aufrecht und in der erforderlichen Spannung gehalten wird. Sinnesreize vom vestibulären und propriozeptiven System sind Voraussetzung, damit das Gehirn den Muskeltonus steuern kann. Kinder mit Störungen der sensorischen Integration, insbesondere im Bereich der propriozeptiven Wahrnehmung, haben oft einen niedrigen Muskeltonus, wodurch sie schwächlich erscheinen. Sie benötigen eine große Energie, um den Körper und Kopf entgegen der Schwerkraft aufrecht zu halten. Sie ermüden deshalb rasch. Da in der Regel auch der Muskeltonus in der Nackenmuskulatur gering ist, stützen die Kinder den Kopf auf die Hände oder den Arm, während sie am Tisch sitzen. Beim Sitzen stützen sie sich mit dem Arm auf dem Tisch oder dem Stuhl ab, so dass die gesamte Haltearbeit von den Knochen geleistet wird. Sie hängen quasi im Schultergelenk. Stehen ohne Unterstützung bedeutet für diese Kinder viel Anstrengung, weshalb sie sich auch oft gegen eine Wand oder Stütze lehnen. Wenn das vestibuläre, propriozeptive und taktile System nicht in der richtigen Weise arbeitet, hat das Kind motorische Koordinationsschwierigkeiten. Es wirkt dyspraktisch. Es verliert leicht das Gleichgewicht oder stolpert, Gegenstände fallen öfter aus der Hand, Stifte brechen leicht ab. Manche Kinder fallen sogar von ihren Stühlen, weil sie nicht fühlen können, wo sie sitzen und sie Probleme haben, ihr Gleichgewicht aufrecht zu erhalten.

2.3 Geringes Selbstbewusstsein

Kinder, bei denen die Wahrnehmung der körpereigenen Sinne nicht gut funktioniert, haben im wahrsten Sinne des Wortes ein geringes Selbstbewusstsein. Das Kind kann sich nicht so leicht freuen. Es ist häufig verwirrt. Ein Spiel zu verlieren, ist für ein schwach entwickeltes Selbstbewusstsein katastrophal. Häufig zerstören Kinder das Spiel eher oder lassen sich gar nicht erst auf ein Spiel mit anderen ein. Oft versuchen sie, sich unentwegt das Gefühl zu verschaffen, erfolgreich und bedeutend zu sein. Dabei können sie nicht an die Bedürfnisse anderer Leute denken. Da die Verarbeitung der Sinneseindrücke und die motorischen Reaktionen nicht sinnvoll ablaufen, handelt das Kind oft anders, als die Umstände es erfordern. Es scheint überempfindlich, seine Gefühle sind oft verletzt, es wird mit täglichen Belastungen schlecht fertig, ebenso wenig auch mit neuen oder wenig vertrauten Situationen oder Abänderungen von Plänen. So weigerte sich zum Beispiel ein 9-jähriger Junge seine Oma zu besuchen, nachdem der Regen die geplante Anfahrt mit dem Fahrrad unmöglich machte und seine Mutter nun mit allen Kindern im Auto zur Oma fahren wollte. Auch die Schule ist für ein Kind nach dem Kindergarten und dem Elternhaus zunächst eine unvertraute Situation mit nicht vorhersehbaren und einschätzbaren Erwartungen und Anforderungen. Da das Verhalten des Kindes anderen Menschen häufig unverständlich ist, mögen sie das Verhalten des Kindes nicht, trennen aber wenig zwischen dem Verhalten und der Person des Kindes. Kinder können gegeneinander gemein sein. Auch Eltern verlieren häufig die Geduld, wenn sie das Verhalten nicht verstehen. Es entsteht dann ein Teufelskreis von geringem Selbstbewusstsein, unangemessenem eigenen Verhalten und falschem Verhalten der anderen, wodurch das Kind verwirrt wird, sich wenig geliebt fühlt und sein Selbstbewusstsein und Selbstwert weiter sinken. Kinder mit Schwierigkeiten in der sensorischen Integration spielen häufig mit jüngeren Kindern, die für sie keine Herausforderung darstellen oder schließen sich deutlich älteren oder Erwachsenen an, die sie bereits verstehen können und die Störung akzeptieren.

2.4 Kompensations- und Vermeidungstechniken

Kinder mit geringfügigen Störungen im Bereich der sensomotorischen Verarbeitung – insbesondere, wenn es sich um relativ intelligente Kinder handelt – fallen in der Vorschulzeit häufig nicht auf. Im häuslichen Umfeld machen diese Kinder häufig alles genau soweit noch richtig, dass es den Eltern nicht auffällt. Sie bilden eine Reihe von automatisierten, antrainierten Einzelfertigkeiten aus, mit denen sie ihren Alltag bewältigen können bzw. haben Kompensationstechniken. Im Kindergarten kompensieren sie z. B. Schwächen in der Handlungsplanung, indem sie erst schauen, was die anderen Kinder machen. Sie entwickeln auch subtile Vermeidungsstrategien. So hat beispielsweise ein Kind mit großen Handlungsplanungsproblemen und motorischen Koordinationsstörungen jedes Mal, wenn Basteln und Arbeiten mit der Schere, Pinsel und Stiften angesagt war, die Erzieherin gefragt, ob sie ihm nicht Buchstaben erklären könne. Die Erzieherin ist natürlich auf das offensichtlich intelligente und interessierte Kind eingegangen. Ergebnis war eine perfekte Meidung der für das Kind schwierigen Aufgabenstellungen. Beim Vorlesen von Geschichten hat ein anderes Kind mit Problemen in der akustischen Figur-Grund-Wahrnehmung sich jedes Mal abgesetzt mit der Erklärung, dass es die Geschichte schon kenne oder sie langweilig sei. Da es sich still beschäftigt hat, hat man es zugelassen, dass es nicht zuhörte. Bei Erklärungen an alle Kinder hat es sich dann an den anderen orientiert und deren Verhalten kopiert.

2.5 Abweichungen von der Norm

Daneben gibt es jedoch auch die Erfahrung, dass Eltern oder Erzieher feststellen, dass ihr Kind irgendwie nicht normal ist, ohne genau benennen zu können, was nicht stimmt. Kinderärzte vertrösten Eltern leider immer noch viel zu häufig mit Erklärungen, dass das Kind sich noch in der Norm bewege oder dass es sich verwachsen würde. Kinder hätten eben unterschiedliche Entwicklungstempi für die verschiedenen Bereiche. Wenn es in einem Bereich nicht so schnell weiterginge, dann würde jetzt gerade ein anderer entwickelt. Manche Ärzte nehmen an, dass Kinder mit Lern- oder Verhaltensproblemen langsame Entwickler sind. Es ist jedoch sehr gefährlich, anzunehmen, dass ein Kind aus seinen Problemen herauswachsen wird. Dadurch wird ihm fachliche Hilfe in einem Alter versagt, in dem sie ihm nützen könnte und auch relativ effektiv und erfolgreich wäre.

Insofern sind besonders relativ intelligente Kinder benachteiligt, weil sie aufgrund ihrer Intelligenz viele Schwierigkeiten kompensieren bzw. kaschieren können oder sich noch gerade im unteren Bereich der Norm halten, so dass ihnen Hilfe nicht gewährt wird. Es ist allerdings schwierig, bei sehr kleinen Kindern zu erkennen, ob ihr Verhalten an der unteren Grenze der Entwicklungsnorm eigentlich ein Versagen darstellt, da sie potentiell bei effektiver Nutzung ihres Gehirns wesentlich bessere Ergebnisse erzielen könnten.

Bei geringen Störungen im Bereich der sensomotorischen Verarbeitung scheint beim Kind alles in Ordnung zu sein, bis es in die Schule kommt. Lesen, Schreiben und Rechnen fordern ein großes Maß an sensorischer Integration. Gleichzeitig kann das Kind, wie häufig im Alltag, im Kindergarten und in der Familie den komplexen Anforderungen nicht mehr ausweichen oder seine Schwierigkeiten kompensieren, vertuschen oder überspielen. Die Schule besteht auf die Erfüllung von Anforderungen und die Ausführung von Aufträgen, das heißt, dem Lernen gemäß des Bildungsauftrages der Schule.

3. Wahrnehmungsstörungen und ihre möglichen Auswirkungen auf das Lernen in der Schule

3.1 Probleme mit den körperbezogenen Wahrnehmungssinnen

Die drei körperbezogenen Wahrnehmungssinne, die propriozeptive, die vestibuläre und die taktile Wahrnehmung haben weitreichende Bedeutung für das Lernen in der Schule.

Ist die propriozeptive Wahrnehmung gestört, haben Kinder Schwierigkeiten mit der Kraftdosierung. Zum Führen eines Stiftes ist aber eine gute Eigenwahrnehmung (taktile Wahrnehmung und Tiefensensibilität) erforderlich, andernfalls muss das Kind visuell kontrollieren, ob das Ergebnis des Schreibens dem Gewünschten entspricht. Kindern mit großen Problemen in dem Bereich geht es so, als wenn wir versuchen, mit klammgefrorenen Händen zu schreiben. Bei Kindern mit Störungen der propriozeptiven Wahrnehmung brechen häufig Stifte ab. Die Stiftführung erfolgt oft nicht aus dem Finger- bzw. Handgelenk, sondern eher aus dem Schultergelenk.

Weiter wirken diese Kinder oft ungeschickt, haben Probleme in der Bewegungskoordination und der Handlungsplanung. Bei der Bewegungskoordination müssen Muskeln in einer bestimmten Reihenfolge unterschiedlich angespannt beziehungsweise entspannt werden. Wenn die Kinder wenig Rückmeldung im Bereich ihrer Muskelanspannung haben, haben sie große Schwierigkeiten, Bewegungen (als Abfolgen von Muskelkontraktionen) durchzuführen.

Häufig ist auch als Folge der Sozialkontakt beeinträchtigt, da die Kinder nicht richtig einschätzen können, mit wie viel Kraft sie zufassen. Unter Umständen sind „zärtliche" Berührungen, Begrüßungen sowie normale körperliche Kontaktaufnahmen für den Partner sehr schmerzhaft. Das Gegenüber versucht als Folge, Kontakte zu vermeiden oder schimpft mit dem Kind, wobei das Kind diese Verhaltensweisen und Forderungen der anderen nicht versteht. So wird das Gegenüber letztendlich als Petze oder Heulsuse eingeschätzt. Wenden sich Kinder mit der Klage, dass das Kind mit der propriozeptiven Wahrnehmungsstörung sie geschubst oder gekniffen hat, an Aufsichtspersonen oder andere Erwachsene, werden ihnen diese wahrscheinlich zur Seite stehen, da man ja mit dem anderen Kind auch schon so seine Erfahrungen hat. Dieses fühlt sich dann aber ungerecht behandelt, da es aus seiner Sicht nichts getan hat. Die Welt hat sich scheinbar gegen dieses Kind verschworen und gibt ihm immer die Schuld an allen Vorfällen. Gleichzeitig wird ihm unterstellt, dass es keine Einsichtsfähigkeit für eigene Anteile an Konfliktgeschehen hat. Es kann jedoch nichts einsehen, was es nicht wahrnehmen bzw. spüren kann. Auf diese Weise entsteht sehr schnell ein Teufelskreis aus gegenseitigem Unverständnis und Schuldzuweisung.

Kombiniert mit Störungen der Propriozeption sind häufig Störungen in der vestibulären Wahrnehmung. Wenn wir sitzen oder stehen, fallen wir nicht um, weil wir unser Gleichgewicht halten können. Sind die Informationen des Vestibulärorgans nicht ausreichend, können wir diese Schwierigkeiten häufig mit Informationen aus unserer visuellen Wahrnehmung kompensieren. Da das Halten des Gleichgewichts vorrangig ist, sind einfach weniger visuelle Kapazitäten für schulisches Lernen frei. Die visuelle Wahrnehmung wird zusätzlich verstärkt gebraucht, um das Ergebnis von Handlungen, die eben nicht gespürt werden, zu kontrollieren. Obwohl normalerweise die Aufrechterhaltung des Gleichgewichts eine vorrangige Hirnleistung ist, kommt es vor, dass Kinder, die sich so sehr auf eine Schulaufgabe konzentrieren und darüber die Haltung des Gleichgewichts vernachlässigen, vom Stuhl fallen. Sie können Aufträge und Arbeitsanweisungen nicht oder nur schlecht ausführen, weil bei ihnen wesentliche Verarbeitungsprozesse für Bewegungs- und Handlungsplanung nicht in geordneter und effektiver Weise ablaufen. Kinder, bei denen wenig Informationen aus dem Vestibulärorgan im Gehirn ankommen, können unter Umständen einen Ausgleich schaffen, indem sie ständig ihre Lage verändern (herumzappeln). Durch die ständige Lageänderung besteht auch gleichzeitig eine ständige Reizung im Vestibulärorgan und damit vermehrte Information im Gehirn. Dies ist eine mögliche Erklärung für das Verhalten einiger Kinder mit Symptomen einer ADHD (Attention Deficit Hyperactivity Disorder).

3.2 Handlungsplanungsprobleme und Dyspraxie

Bei jeder Bewegung müssen wir gleichzeitig neben Muskelanspannungen auch ein Gleichgewicht halten. Kinder haben bei großen Schwierigkeiten im Bereich des Gleichgewichts und der Körpereigenwahrnehmung häufig für bestimmte Bewegungsmuster automatisierte Bewegungsmuster eintrainiert. Es handelt sich hierbei um isolierte Einzelfertigkeiten, die wahrscheinlich mit verhältnismäßig großem Aufwand erworben wurden und nicht um das Ergebnis eines effektiv arbeitenden Gehirns.

Sobald die Kinder etwas ausführen sollen, für das sie kein automatisiertes Bewegungsmuster haben, wissen sie häufig nicht, wie sie die Bewegung beginnen sollen, obwohl ihnen völlig klar ist, was sie machen sollen und auch möchten. Die Kinder wirken ungeschickt. Es kann eine Dyspraxie vorliegen. Die Fähigkeit zur Bewegungsplanung wird als Voraussetzung für die Fähigkeit zur Handlungsplanung angesehen. Das Kind kann Tätigkeiten nicht ausführen, obwohl es körperlich in der Lage ist, alle notwendigen Bewegungen auszuführen. Es weiß, was es machen will oder soll, muss aber die dafür notwendigen Handlungen immer und immer wieder neu planen. Diese Schwierigkeit lässt sich sehr gut verdeutlichen am Beispiel des Klavierspielens. Jeder ist körperlich in der Lage Tasten zu drücken, dennoch kann nicht jeder Klavier spielen. Viele können sich das Spielen einer Melodie auf dem Klavier aneignen, trotzdem können sie nicht Klavier spielen. Diese gelernte Melodie stellt eine Einzelfertigkeit dar.

In der Schule verlangen die meisten Aufgaben, sofern nicht automatisierte Muster vorhanden sind, eine Handlungsplanung, wie das Aufstellen einer Zweierreihe, die Linienführung beim Schreiben, das Aufschlagen eines Buches, das Packen der Büchertasche, das Aufräumen des Arbeitsplatzes etc. Kinder fallen in der Schule häufig dadurch auf, dass sie Anweisungen verstehen, sie auch wiederholen können, aber dennoch nicht mit den Arbeiten anfangen, unter Umständen um Erklärungen oder Hilfen bitten, obwohl sie beispielsweise die Aufgaben problemlos lösen, solange kein Handlungsteil verlangt wird (Kopfrechnen). Selbst so scheinbar einfache Aufgaben, wie ein Bild zu malen, verlangen sehr komplexe Handlungsplanungen: Ich muss zunächst die benötigten Materialien holen. Dafür muss ich erstens wissen, wo ich sie finde und zweitens wie ich sie von dem Ort, wo sie sich befinden, auf den Tisch bekomme. Das Papier muss ausgerichtet werden, die Stifte oder Farben müssen bereitgestellt werden, gegebenenfalls muss Tuschwasser geholt werden, dann muss ich in etwa eine Vorstellung haben, was auf dem Bild anschließend zu sehen sein soll, mit welchen Teilen des Bildes ich beginnen werde und welches ich als nächstes mache, um das Bild fertigzustellen.

Kinder mit Handlungsplanungsproblemen entwickeln Lösungen für ihre Schwierigkeiten, die von Erwachsenen häufig nicht als Problemlösung erkannt werden. Ein Erstklässler meldete sich, dass er seine Hausaufgaben nicht gemacht habe, nachdem er sein Heft nicht in seinem Ranzen an der Stelle gefunden hat, wo es hätte sein müssen. Da der Klassenlehrerin bekannt war, dass die Mutter die Hausaufgaben kontrolliert und auch den Ranzen packt, ist sie an seine Büchertasche gegangen und hat das Heft mit den gemachten Hausaufgaben rausgeholt. Der Ärger für nicht gemachte Hausaufgaben erschien dem Jungen weniger schlimm als eine Aufforderung zu der Handlung, noch einmal richtig zu suchen, an der er zuvor schon gescheitert war.

Ein anderer Junge hatte zu Beginn der Kunststunde, in der die Kinder ein Bild malen sollten, zunächst im Papierkorb gesessen, während die anderen Kinder ihre Materialien zusammensuchten. Danach hat er die Borsten vom Pinsel mit der Schere abgeschnitten, dann Stifte an Mitschüler ausgeliehen, wobei er dafür jedes Mal durch die Klasse lief und auf dem Weg andere Kinder mit den Stiften piekste. Als ein Kind zum dritten Mal von ihm angestoßen wurde, hat dieses zurückgeschubst, worauf eine heftige Prügelei in Gang kam. Der Junge wurde vor die Tür geschickt, um über seine Missetaten nachzudenken. Er hat erreicht, dass er sich nicht mit der für ihn schwierigen Aufgabe, ein Bild vorzuzeichnen und dann zu tuschen, auseinandersetzen musste.

Lehrkräfte berichten häufig, dass einzelne Kinder in der Schule so gut wie überhaupt nichts könnten bzw. leisteten, während die Eltern dieser Kinder behaupteten, dass die Kinder die Aufgaben zu Hause lösen und damit bewältigen. Die Lehrkräfte unterstellen dann häufig, dass die Eltern die Aufgaben für die Kinder machten oder ihnen vorsagten, was die Eltern vehement bestreiten. Bei Kindern mit Handlungsplanungsproblemen geben die Eltern häufig die für die Kinder notwendigen Unterteilungen und Hinweise zum Handlungsablauf, so dass die Kinder inhaltlich die Aufgaben eigenständig lösen können. In der Schule, wo die entsprechenden Hinweise fehlen, können die Kinder die Aufgaben scheinbar nicht. Den Lehrkräften, denen das Phänomen und die Folgen von Handlungsplanungsproblemen unbekannt sind, können sich die guten Ergebnisse bei den häuslichen Aufgaben nur so erklären, dass Eltern die Antworten vorgegeben haben.

3.3 Taktile Wahrnehmung

Bei Störungen der taktilen Wahrnehmung können Berührungen als unangenehm empfunden werden, allein dadurch, dass sie für den Betroffenen keinen klaren Reiz darstellen. Es gibt Kinder, die sanfte Berührungen verabscheuen, einfach weil sie nicht genau spüren, was dort passiert, es aber sehr zu schätzen wissen, wenn man sie fast hart und mit viel Druck anfasst oder berührt, weil dieses für sie ein deutlich erkennbarer Reiz ist. Die Stifte, mit denen sie schreiben, spüren sie nicht. Um eine Schleife zu binden, muss man sowohl den Schnürsenkel spüren, sehen was man tut, als auch eine sehr gute Handlungsplanung vornehmen. Man benötigt auch verlässliche propriozeptive und vestibuläre Wahrnehmungen.

3.4 Körpermittellinienkreuzung

Bei vielen schulischen Tätigkeiten, wie beim Schreiben und Lesen, muss die Körpermittellinie gekreuzt werden. Was sich auf einer Seite der Körpermittellinie befindet (Reizeingang), wird schwerpunktmäßig auf der gegenüberliegenden Gehirnhälfte verarbeitet. Für Geschehen direkt im Bereich der Körpermittellinie müssen die beiden Hemisphären extrem miteinander kooperieren, um sowohl eine Wahrnehmung als auch eine Handlung in diesem Bereich zu erreichen. Bei einer altersgerechten Entwicklung der Koordination beider Gehirn- und damit Körperhälften, kann das Kind Aufgaben, die eine Körpermittellinienkreuzung verlangen, ausführen. Ist die Koordination der Gehirn- und Körperhälften gestört, vermeidet das Kind, die Körpermittellinie zu kreuzen. Es schiebt z. B. das Blatt so, dass es weder mit den Augen noch mit der Hand die Körpermittellinie kreuzen muss. Oder das Kind macht im Bereich der Körpermittellinienkreuzung häufig Fehler, die nicht durch kognitive Schwächen zu erklären sind. Im Bereich der Körpermittellinienkreuzung werden Zeilen oder Wörter ausgelassen oder können dort nicht erlesen werden oder beim Diktat werden Fehler gemacht, die offensichtlich in anderen Bereichen nicht auftauchen. In einem besonders eindrucksvollen Fall schrieb eine Schülerin der vierten Klasse im Bereich der Körpermittellinie Wörter wie: mit, ihr, wir, gut, Baum und Auto falsch, die sie im selben Diktat aber in einem Bereich, der vor einer Körperhälfte war, richtig geschrieben hatte.

3.5 Augenmotorik

Ein weiterer Bereich der Motorik betrifft die Augenmotorik. Die Zahl der Kinder, die ihre Augen nicht kontrolliert einer gleichmäßigen, ruhigen Bewegung folgen lassen können, nimmt zu. Die Augen eilen voraus, springen hin und her oder wirken fast, als wenn sie zittern. Hat ein Kind Augensprünge, kann es häufig nicht in den Zeilen bleiben. Erliest es ein Wort, kann es passieren, dass es die ersten Buchstaben von einem Wort nimmt, durch einen Augensprung die weiteren Buchstaben von einem anderen Wort. Beherrscht jemand die Technik des Lesens, bemerkt er sehr schnell, dass es unsinnig wird, was er erliest und beginnt das Wort noch einmal zu lesen. Kinder, die mitten im Leselernvorgang sind, haben aber keine Vorstellung, dass sie ein Wort erlesen, was so keinen Sinn macht und bemühen sich dann, Buchstaben zusammenzuschleifen und herauszubekommen, wie dieses Wort wohl heißen könnte. Beim Rechnen werden unter Umständen Zahlen ausgelassen oder Aufgaben von mehreren Zeilen zu einer zusammengefasst etc. Die Schwierigkeiten der Augenmuskelkontrolle nehmen zu, wenn wir müde und erschöpft sind. Die Probleme mit der Augenmuskelkontrolle scheinen weitgehend mit einem Mangel an Training zusammenzuhängen. Fernsehen verlangt keine Bewegung der Augen. Starker Fernsehkonsum führt zu mangelnder Übung.

3.6 Visuelle Wahrnehmungsprobleme

Im Bereich der visuellen Wahrnehmung geht es nicht ausschließlich darum, kurz-, fern- oder farbfehlsichtig zu sein, sondern auch um Fähigkeiten wie die Fokussierung der optischen Aufmerksamkeit, die Wahrnehmungskonstanz, das heißt, einen Gegenstand, den man aus verschiedenen Richtungen oder in unterschiedlichen Größen, sprich Entfernungen, sieht, als immer noch den gleichen zu erkennen. Weiterhin benötigt man im visuellen Bereich eine Figur-Grund-Wahrnehmung, das heißt, man muss Figuren für sich als solche vor einem Hintergrund (= als zu dem Zeitpunkt für sich unwichtige Informationen) herausfiltern können. Kinder mit Schwierigkeiten in der Figur-Grund-Wahrnehmung haben häufig Probleme, wenn sie von einer nicht ganz sauber gewischten Tafel ablesen müssen, da sie nicht sicher erkennen können, was zu den Buchstaben oder Zahlen gehört und was nur Schmutz ist.

Man muss optisch gliedern können. In Wörtern gibt es Buchstabenkombinationen, die immer wieder vorkommen und die man als solche nicht einzeln lesen muss, sondern als Gesamtbuchstabenkombination, zum Teil als Silbe, erkennen kann. Bei der Schreibschrift muss man zusätzlich gliedern können, wo der eine Buchstabe beginnt und wo der andere Buchstabe aufhört. Auch Mathematik, besonders Geometrie, aber auch die Arbeit am Zahlenstrahl, hat sehr viel mit Raumgliederung zu tun.

Man benötigt eine Raum-Lage-Wahrnehmung. Wenn man eine Tasse vor sich hat, ist es völlig unerheblich, ob der Henkel sich rechts oder links befindet, um die Tasse als Tasse zu erkennen. Bei Buchstaben, zum Beispiel dem gedruckten „b", „d", „p", „q", ist es von ganz extremer Bedeutung, ob der „Bauch" rechts, links, oben oder unten ist. Weiterhin benötigt man eine Raum-Lage-Wahrnehmung des eigenen Körpers im Raum, das heißt, man muss sich orientieren können, wo im Raum man sich befindet. Kinder mit Schwierigkeiten der Raum-Lage-Wahrnehmung haben bei der Rechtschreibung Schwierigkeiten, die richtige Reihenfolge von Buchstaben zu erlernen, aber auch die räumliche Orientierung der einzelnen Buchstaben zu erkennen oder zu reproduzieren. Gleichzeitig haben sie in der Mathematik Schwierigkeiten, die Reihenfolge von Zahlen zu begreifen, sie haben Zahlendreher innerhalb von Zahlen und die Worte „Vorgänger" und „Nachfolger" deuten auch sprachlich eine räumliche Beziehung bei Zahlen an.

3.7 Akustische Wahrnehmungsprobleme

Es geht in der akustischen Wahrnehmung nicht ausschließlich um die Schwer- oder Normalhörigkeit und die Unterscheidung von hohen und niederen Frequenzen. Man muss außerdem seine akustische Aufmerksamkeit auf bestimmte Reize fokussieren können. In fast allen Klassen gibt es Signale akustischer Art, wenn Kinder zur Ruhe kommen sollen. Die meisten Anweisungen werden über die Akustik gegeben. Kinder müssen auch im akustischen Bereich eine Figur-Grund-Wahrnehmung haben, das heißt, sie müssen Reize akustischer Art als für sie wichtig herausfiltern und andere Geräusche in den Hintergrund rücken können. Diese Fähigkeit wird auch Partygesprächsfähigkeit genannt. Auf einer Party kann man sich in der Regel mit einzelnen Personen unterhalten, während überall im Raum andere Gespräche laufen. Kinder mit Störungen der Figur-Grund-Wahrnehmung im akustischen Bereich können die Geräusche auf dem Flur, Geräusche des Straßenlärms, des Raschelns von Kleidung, des Bewegens im Raum oder das Schwatzen von Nachbarn nicht wegfiltern und den Erklärungen oder Anweisungen lauschen. In der Medizin wird von einem Störschallwert gesprochen, der festlegt, wie viel Dezibel weggefiltert werden können. Die Praxis zeigt, dass nicht nur die Dezibel entscheidend sind, sondern auch die Qualität (Sprache, Musik, Alltagsgeräusche). Diese Kinder verstehen in einer Gruppensituation die Anweisungen der Lehrkraft nicht und fragen deshalb nach oder wirken verträumt abwesend.

Häufig ist in dem Zusammenhang eine reflexartige Reaktion auf jedes Geräusch gegeben, dem zunächst Aufmerksamkeit geschenkt wird, bis dann entschieden wird, dass dieses Geräusch in diesem Moment keine Aufmerksamkeit verdient. Dadurch erfolgt eine extrem hohe Ablenkbarkeit durch akustische Reize. Ähnliches lässt sich im visuellen Bereich auch durch visuelle Reize beobachten.

Weiterhin muss das Kind Laute differenzieren können, das heißt, es muss einen Unterschied zwischen „e" und „i" hören, um Worte richtig schreiben zu können. Gleichzeitig muss es akustisch gliedern können. Die Gliederung der Laute bewirkt, dass ich lautgetreu schreiben und die Laute in der richtigen Reihenfolge setzen kann. Da das Erlernen des Schreibens in der Regel über ein phonematisches Stadium geht, in dem lautgetreu geschrieben wird, ist dies eine unverzichtbare Voraussetzung für das Erlernen von Rechtschreibung.

Daneben ist es bedeutungsvoll, ein akustisches, möglichst serielles Gedächtnis zu haben. In Extremfällen von sehr schlechtem akustischen Gedächtnis gelingt das Zusammenschleifen von Buchstaben nicht, weil das Kind, nachdem es beim zweiten Buchstaben den Laut zum Bild zugeordnet hat, den Laut des ersten Buchstabens schon wieder vergessen hat, so dass es immer nur einzelne Laute hat, aber nie die Laute zusammenschleifen kann. Mehrteilige Anweisungen werden bei einem schlechten seriellen akustischen Gedächtnis nicht ausgeführt, weil sie unterdessen vergessen worden sind.

3.8 Intermodale Verarbeitung

Am Beispiel des Lesens und Schreibens wird extrem deutlich, dass wir auf eine intermodale Verarbeitung im visuell-akustischen Bereich angewiesen sind. Ein Bild und ein Laut werden einander zugeordnet. Unabhängig davon haben wir bei einer guten intermodalen Verarbeitung größere Chancen, in unserem Gedächtnis einen Inhalt wiederzufinden, da er vom Prinzip her an mindestens zwei Stellen abgespeichert ist.

II.
Durchführungsmöglichkeiten

1. Aufbau der Beobachtungsstationen

Das Instrumentarium ist in Stufen strukturiert. Diese Stufen entsprechen in etwa dem Entwicklungsverlauf und dem Aufbau von zunehmend komplexeren Fähigkeiten der Kinder.

Die **Stufe 1** bezieht sich auf **basale, körperbezogene Fähigkeiten**, die Gleichgewichts- und Bewegungswahrnehmung, die Körpereigenwahrnehmung, die taktile Wahrnehmung und die Bewegungsplanung, wobei die Bewegungsplanung eine gute Gleichgewichtswahrnehmung und Körpereigenwahrnehmung voraussetzt.

In der **Stufe 2** geht es um ein **Körperschema**, die **Seitendifferenzierung**, die **Feinmotorik**, die **Körperkoordination**, was die Grobmotorik beinhaltet, sowie die **Bewegungs- und Handlungsplanung**.

Das heißt, die Stufen 1 und 2 befassen sich mit der Wahrnehmung der Körpernahsinne und im weitesten Sinne der motorischen Verarbeitung sowie der dafür notwendigen Wahrnehmungsvoraussetzungen.

Die Stufen 3 und 4 sind gleichrangig, da sie sich etwa zur gleichen Zeit entwickeln und eine vergleichbare Wertigkeit für Lernprozesse besitzen.

Die **Stufe 3** bezieht sich auf die **visuelle Wahrnehmung**, die **Stufe 4** auf die **akustische Wahrnehmung**. Die **Stufe 5** beinhaltet sowohl Ergebnisse einer komplexen **sensorischen Integration**, nämlich im Bereich der **Sprachfähigkeit** als auch im Bereich der **Mengeninvarianz**.

Die **Stufe 6** erfasst ebenfalls eine komplexe Stufe der **Wahrnehmungsverarbeitung**, zum einen die **intermodale Kodierung**, d. h. eine Verknüpfung zwischen in diesem Fall der visuellen und der akustischen Wahrnehmung, und zum anderen die **serielle Wahrnehmung**, die eine Verknüpfung von visuellen bzw. akustischen Informationen mit einer Zeitdimension bedeutet. Außerdem wird hier das (Kurzzeit-)Gedächtnis als wesentliche Komponente mit erfasst.

Die komplexeste Stufe ist die **Stufe 7**. Hier geht es um **Anweisungsverständnis** und entsprechend der Möglichkeiten der Altersstufe um **logisches Denkvermögen**.

2. Durchführungsmöglichkeiten und Konsequenzen für eine Förderung

Es ist eine ganze Reihe von Szenarien für den Einsatz des Instrumentariums denkbar. Diese sind abhängig vom Zeitpunkt des Einsatzes und den Möglichkeiten der Schule bzw. des Kindergartens.

2.1 Einsatz im Kindergarten

Optimal wäre ein Einsatz im Kindergarten zu Beginn des Kindergartenjahres mit den 5-jährigen Kindern, d. h. denen, die im Folgejahr zur Schule gehen werden. Die Beobachtung sollte mit den Stationen der Stufe 1 und 2 beginnen, und zwar mit allen Kindern und nicht nur mit denen, die auffällig erscheinen. Die Überprüfung aller Kinder ist unbedingt notwendig, da insbesondere intelligente Kinder häufig Kompensations- oder Vermeidungstechniken haben, die sie zunächst unauffällig erscheinen lassen, deren Strategien jedoch in der Schulzeit voraussichtlich oder möglicherweise versagen werden.

Kinder, die in Stufe 1 und 2 auffällige Ergebnisse zeigen, können sofort Förderangebote für diesen Bereich bekommen. Wenn es zeitlich Probleme gibt, alle Kinder in einem kurzem Zeitraum systematisch in allen Stufen zu beobachten, ist es sinnvoll, die aufbauenden Stufen zunächst nur mit den Kindern durchzuführen, die in Stufe 1 und 2 unauffällig waren, um zu sehen, ob sie in höheren Stufen Förderangebote benötigen. Die Kinder, die schon in den ersten Stufen auffällig sind, können dann später in den höheren Stufen überprüft werden.

Erfahrungen in Kindergärten zeigen, dass die Kinder außerordentlich gerne zum Kindergarten kommen, wenn die aus dem Programm resultierenden Förderangebote durchgeführt werden. Die 5-jährigen Vorschulkinder kommen auch noch nach der Zeit zwischen Weihnachten und Ostern gerne, auch wenn zu dieser Zeit sonst bei vielen eine Kindergartenmüdigkeit einsetzt. Sie fordern von ihren Erziehern immer wieder neue oder interessante „Spiele" bzw. Förderangebote ein.

Gegen Ende des Kindergartenjahres sollte eine erneute Überprüfung bei den Kindern stattfinden, die zuvor Auffälligkeiten gezeigt haben, um festzustellen, ob die Förderung Erfolge gezeigt hat (s. Kap. IV. 2). Gegebenenfalls lässt sich eine Kooperation mit der Schule erzielen, indem Lehrkräfte der späteren ersten Klassen an der Überprüfung teilnehmen.

2.2 Einsatz in der Schule vor der Einschulung

Für den Einsatz des Instrumentariums in der Schule gibt es vor der Einschulung verschiedene Varianten. Häufig besuchen Kindertagesstätten die Schule der Kinder, um den Kindern einen Einblick in den Schulablauf zu geben und ihnen so den Übergang zu erleichtern.

Eine Variante wäre, statt die Kinder auf verschiedene Klassen aufzuteilen, die Kindergartenkinder in ihrer Gruppe einen 2-stündigen „Schulalltag" erleben zu lassen. Die erste Stunde ist dann eine „Sportstunde" in der Turnhalle, in der eine Auswahl der motorischen Stationen durchgeführt wird. Ihr folgt ein gemeinsames Frühstück und eine Hofpause mit den anderen Schulkindern. In der nachfolgenden Stunde im Klassenraum werden dann ausgewählte Stationen aus dem Bereich der visuellen und akustischen Wahrnehmung sowie der Mengeninvarianz durchgeführt. So gewinnen die Lehrkräfte schon vor der Einschulung wichtige Informationen über die Kinder, während diese einen Eindruck von ihrer zukünftigen Schule und der Lehrkraft bekommen.

Bei der Schulanmeldung eine Reihe von Stationen in der Schule aufzubauen und die Kinder im Rahmen der Anmeldeprozedur durch verschiedene Stationen laufen zu lassen, stellt eine andere Variante dar. Auch in diesem Fall liegen eine Reihe von Informationen vor der Einschulung vor. Manche Ergebnisse sind mit Sicherheit durch die Aufregung dieses besonderen Tages verfälscht und die Beobachtung gegebenenfalls zu wiederholen. Schlimmstenfalls bekommen die Kinder eine Förderung in Bereichen, die sie in einer normalen Situation beherrschen.

Gleichzeitig ist auf diese Art und Weise das Problem von Unterrichtsausfall bzw. der Verfügbarkeit von Lehrkräften gelöst, da die Anmeldung häufig außerhalb der Unterrichtszeit stattfindet. Dabei ist es außerordentlich wichtig, Eltern zu erklären, dass es sich nicht um einen Einschulungstest handelt, sondern nur um eine Beobachtung, bei der niemand durchfällt. Die Beobachtungen sollen der Lehrkraft helfen, dem einzelnen Kind einen optimalen Schulbeginn zu ermöglichen. Die verbleibenden Stationen lassen sich dann leichter im Unterrichtsalltag nachholen.

2.3 Einsatz im ersten Schuljahr

Für die Verwendung der Beobachtungsstationen im ersten Schuljahr haben sich verschiedene Konzepte bewährt. Diese sind abhängig von den konkreten Bedingungen vor Ort. Beispielsweise hat eine Schule ihre zweiten und dritten Klassen mit nur einer Lehrkraft und vielen Eltern auf eine Exkursion geschickt, wo es zusätzliche Betreuung gab (z. B. eine museumspädagogische Betreuung, Projekte in regionalen Umweltzentren oder theaterpädagogische Angebote, Besuch bei der Feuerwehr, eines Bauernhofs oder eines Betriebes). Die anderen Kollegen standen für die verschiedenen Beobachtungsstationen zur Verfügung, während die Viertklässler als Paten für die Erstklässler fungierten und sie von Station zu Station begleiteten. So konnten die Lernvoraussetzungen der Erstklässler zu einem frühen Zeitpunkt, der zweiten bis dritten Schulwoche, ermittelt werden.

Andere Schulen haben die Leiterinnen von Schulkindergärten, die erfahrungsgemäß in den ersten Wochen wenig Kinder haben, dazu eingesetzt, entweder den Unterricht in der ersten Klasse oder die Beobachtung in den ersten Klassen durchzuführen.

Nach manchen Schulgesetzen ist es erlaubt, in den ersten Schulmonaten die Klassen zu teilen. Es ist leichter, während des Unterrichts einer kleinen Lerngruppe Aufgaben zu geben und die Kinder dabei zu beobachten.

Bewährt hat sich, Eltern um Unterstützung zu bitten. Es stellt eine Erleichterung für die beobachtende Lehrkraft dar, die Beobachtungsergebnisse von jemand anderem aufschreiben zu lassen. Eltern sollten nicht für die Beobachtung selbst eingesetzt werden. Deren Wertung ist für die Lehrkraft nicht überprüfbar. Manchmal beeinflussen die Beziehungen der Eltern zueinander auch die Beobachtungsergebnisse. Eltern sind aber sehr gut zur Betreuung der anderen Kinder in der Klasse einzusetzen.

Sollte die Überprüfung über einen längeren Zeitraum verteilt ablaufen, ist es sinnvoll, zunächst die Stufen 1 und 2 zu überprüfen. Dies kann weitgehend im Sportunterricht geschehen. Bei den Kindern, die in Stufen 1 und 2 keine Auffälligkeiten zeigen, folgt zeitnah im Anschluss die Überprüfung der höheren Stufen. Die Kinder, die in Stufen 1 und 2 auffällig sind, können sofort in entsprechende Fördermaßnahmen gegeben oder externe Hilfen initiiert werden. Eine Überprüfung von höheren Stufen kann für diese Kinder etwas später erfolgen. Die Kinder werden immer soweit überprüft, bis deutlicher Förderbedarf entsteht.

Gegebenenfalls stehen auch Sonderschullehrer in Grundschulen für eine Überprüfung zur Verfügung. Muss die Überprüfung und Beobachtung von der Lehrkraft ohne weitere Unterstützung durchgeführt werden, ist es sinnvoll, mit den Kindern Formen selbstständigen Arbeitens zu erarbeiten und zu Beginn Werkstattunterricht durchzuführen. Dabei hat erfahrungsgemäß die Lehrkraft dann Zeit, sich mit Einzelnen oder mit kleinen Gruppen intensiv zu beschäftigen und dort die Überprüfung vorzunehmen.

Gleichzeitig hilft das selbstständige Arbeitsverhalten der Kinder bei einer ihnen gemäßen Förderung. Je selbstständiger die Kinder arbeiten, desto differenzierter können sie gefördert und gefordert werden. Erfahrungen aus der Praxis zeigen, dass Kinder auch im ersten Schuljahr sehr selbstständig arbeiten können. Dies ist unabhängig von den Einzugsgebieten.

Lässt man Kindern bei Aufgaben die Wahl zwischen verschiedenen Schwierigkeitsgraden, arbeiten sie in der Regel sehr intensiv und an der oberen Grenze ihrer Möglichkeiten. Häufig suchen sie sich immer wieder die gleichen Aufgabentypen oder ähnliche Aufgaben, die sie bis zur sicheren Beherrschung exzessiv üben. Dann werden sie in der Regel nie wieder angerührt.

Für Schulen, die eine geringe personelle Ausstattung haben, gibt es nachfolgendes reduziertes Programm, bei dem der Schwerpunkt auf der Überprüfung von Fertigkeiten liegt, die nicht so leicht im Alltagsunterricht beobachtet werden.

Stationen: 1.1, 1.3, 1.5, 2.2, 3.1, 3.2, 3.3, 3.5, 4.1, 4.2, 4.3, 5.1, 5.4

und als wünschenswerte Erweiterung die

Stationen: 1.2, 1.4, 2.5, 3.4, 4.4, 4.5, 6.1, 6.2, 6.3, 6.4, 6.5, 6.6.

2.4 Durchführung in höheren Klassen

Wird mit diesem Instrumentarium in höheren Klassen gearbeitet, sollte bei Aufgaben, die eine Gedächtnisleistung verlangen, zwischen dem Stellen und dem Reproduzieren (einer Aufgabe) eine aus einem anderen Wahrnehmungsbereich stammende Aufgabe gestellt werden, auf die das Kind seine ganze Aufmerksamkeit richtet. Werden Aufgaben für den gleichen Kanal gegeben, sind dies deutlich erschwerende Bedingungen.

Als Aufgaben haben sich einfache Kopfrechenaufgaben, das Aufzählen der Namen von Mitschülern, das Sortieren von Spielsteinen nach Farben, das Bauen eines Turmes aus Bauklötzen etc. bewährt.

Diese Zwischenaufgaben sollten mindestens 30 Sekunden aber nicht viel länger als eine Minute dauern. Bei Aufgaben, bei denen eine akustische Gedächtnisleistung verlangt wird, muss die Zwischenaufgabe vorab erklärt werden.

Der Vorteil bei einer Beobachtung in einer höheren Klasse liegt darin, dass ich feststellen kann, ob Schwierigkeiten im schulischen Lernen auftreten, d. h. ob aus beobachteten Schwierigkeiten auch wirklich Schwierigkeiten im Erlernen von Inhalten, im Arbeits- und Sozialverhalten resultieren. In diesem Fall wird ein Kind nur zu einer Förderung gehen, wenn es einen Zusammenhang zwischen den Beobachtungen mit dem Instrumentarium und den Beobachtungen im Schulalltag gibt.

Allerdings ist bei den höheren Klassen die Förderung wesentlich schwieriger, weil die Hirnentwicklung für die Verarbeitung von Wahrnehmungsprozessen weitgehend abgeschlossen ist.

Sollten Kinder wider Erwarten sich nicht bereitwillig auf die Aufgaben einlassen, kann man die Aufgaben in eine Geschichte verpacken. Dafür eignen sich Geschichten z. B. von einer Schatzsuche, bei der verschiedene Rätsel gelöst werden müssen, um den Schatz zu finden. In der Praxis zeigte sich jedoch, dass die Kinder die Geschichten eher als störende Unterbrechung empfanden.

Kinder sollten immer eine Bestätigung bzw. Anerkennung für ihre Bemühung bekommen. Während der Durchführung der einzelnen Aufgaben sollte dem Kind weder verbal noch non-verbal mitgeteilt werden, ob die Antwort richtig oder falsch ist. Bevor sie mit der eigentlichen Aufgabe anfangen, fragen sie das Kind, ob es verstanden hat, was es machen soll und ob sie mit der eigentlichen Aufgabe anfangen können.

3. Durchführungshinweise

3.1 Durchführungshinweise zu speziellen Stationen

Einzelne Stationen sind schwierig durchzuführen, wenn die deutsche Sprache nicht altersgemäß beherrscht wird. In diesem Fall lassen sie sich von anderen Begriffe in der Muttersprache der Kinder geben und benutzen diese. Häufig können hierbei Kinder aus höheren Klassen behilflich sein. Bei der Station 5.1 wird gegebenenfalls jedes Wort vorgesprochen und das Kind muss es dann nachsprechen. Stationen zur intermodalen Verarbeitung (Stationen 6.1 und 6.2) sollten nicht unmittelbar hintereinander durchgeführt werden. Dasselbe gilt für die Stationen zur seriellen Verarbeitung. Die Stationen 6.3, 6.4 und 6.5, 6.6 sollten mit zeitlichem Abstand durchgeführt werden. Die Folge von Station 6.3, 6.5, 6.4 und 6.6 ist hingegen möglich, da in diesem Fall abwechselnd ein anderer Sinneskanal angesprochen wird.

Da einige Stationen zur motorischen Wahrnehmungsverarbeitung (insbesondere Station 1.2, 2.1 und 2.4) komplexe Anforderungen an den Beobachter stellen, kann es sich für ungeübte Beobachter als hilfreich erweisen, diese Aufgaben zu zweit zu beobachten.

Bei Station 1.2 kann erheblich besser beobachtet werden, wenn die Übung auf einer Latte durchgeführt wird. Die Ergebnisse sind auch insofern aussagekräftiger, weil bei einer Latte bestimmte Kompensationstechniken deutlicher auffallen.

Da in der vorschulischen Entwicklung das akustische Durchgliedern von Wörtern keinerlei Bedeutung hat, können viele Kinder mangels Training die Station 4.3 nicht. In der Regel reichen die Maßnahmen im Schulunterricht aus, um diese Fähigkeit auszubilden. Trotzdem können Kinder im Kindergarten schon entsprechend gefördert werden. Dafür hat sich das Würzburger Trainingsprogramm zur Vorbereitung auf den Erwerb der Schriftsprache (KÜSPERT/SCHNEIDER 2002), das auf dem Bielefelder Screening zur Früherkennung von Lese- und Rechtschreibschwierigkeiten (BISC; JANSEN et al. 1999) aufbaut, besonders bewährt. Besorgniserregend ist es erst, wenn Kinder nach den Weihnachtsferien in der ersten Klasse noch Schwierigkeiten bei dieser Station haben. Die erste Beobachtung kann jedoch nicht auf die Zeit nach dem Jahreswechsel verschoben werden, da diese Kinder im Unterricht anders angesprochen werden müssen. Die auffälligen Kinder müssen weiterhin beobachtet werden.

III. Beobachtungsstationen

1. Körperbezogene basale Fähigkeiten

Gleichgewicht, Körpereigenwahrnehmung,
taktile Wahrnehmung,
Bewegungs- und Handlungsplanung und Augenmotorik

(1. Stufe)

Station 1.1: Gleichgewicht
  ➤ Hinweise auf eine Förderung durch Sport

Station 1.2: Bewegungsplanung und vestibuläre Wahrnehmung

Station 1.3: Propriozeptive Wahrnehmung (Tiefensensibilität)

Station 1.4: Körpergefühl und taktile Wahrnehmung

Station 1.5: Augenmotorik und Auge-Hand-Koordination

Station 1.6: Augenmotorik
  ➤ Vorlage 1

Station 1.1: Gleichgewicht

Auf Zehenspitzen stehen
Stufe: 1
Material: –
Übung: Das Kind steht mit geschlossenen Augen und mit ausgestreckten Armen mindestens 10 Sekunden auf dem vorderen Fußballen.

Durchführung

Das Kind soll die Arme waagerecht vor sich ausstrecken, sich auf den vorderen Fußballen, die Fersen vom Boden gelöst, stellen und dann die Augen schließen. In dieser Position soll es mindestens zehn Sekunden verharren. Wichtig ist zu beobachten, ob das Kind die Stellung der Füße verändert, eine Bewegungsunruhe in Armen, Fingern und in den Sprunggelenken zeigt oder ob ein grobes Schwanken des ganzen Körpers, Ausfallschritte oder sogar ein Verlieren des Gleichgewichts erfolgt. Weiterhin ist darauf zu achten, ob sich beide Körperseiten gleichermaßen verhalten, insbesondere ob die Arme gleichmäßig vom Körper gehalten werden, sich der Körper zu einer Seite neigt oder ein Arm sinkt. Bei ungünstigem Schuhwerk führt das Kind die Aufgabe barfuß durch.

Anweisung

Stelle dich mir gegenüber auf und strecke wie ich die Arme gerade aus. Gehe auf die Zehenspitzen hoch und schließe jetzt die Augen. Bleibe so lange mit geschlossenen Augen und ausgestreckten Armen auf Zehenspitzen stehen, bis ich dir sage, dass es ausreicht.

Die Anweisung kann mit dem Kind zusammen ausgeführt werden bzw. ihm vorgeführt werden.

Bewertung (in Anlehnung an Cárdenas 2002, S. 92)
a) Gleichgewicht:

100 %	Unauffällig, die Stellung der Füße wird nicht verändert, die Arme und Hände und Fußgelenke bleiben ruhig.
50 %	Leichte aber gut sichtbare Bewegungsunruhe der Arme und Finger und/oder deutliche Bewegungen der Zehen und der Sprunggelenke.
0 %	Grobes Schwanken des ganzen Körpers, Ausfallschritt, unruhige Bewegungen in den Sprunggelenken, ständige kleine Korrekturen der Arme und Finger und/oder unwillkürliches Grimassieren. Ist eines dieser Phänomene deutlich ausgeprägt, ist das Kind mit 0 % zu beurteilen.

b) Asymmetrien:

100 %	Unauffällig, beide Körperseiten verhalten sich gleich.
75 %	Ein Arm sinkt leicht.
50 %	Körper neigt sich etwas zu einer Seite.
0 %	Gefahr, nach einer Seite zu fallen, links auffällig, rechts auffällig.

Hintergrund und Bedeutung für das Lernen in der Schule

Bei dieser Übung hat das Kind keine Kontrolle durch den visuellen Sinn und muss sein Gleichgewicht allein aufgrund der Informationen aus dem Gleichgewichtssinn (Bogengang im Innenohr) und der Propriozeption im Zusammenspiel mit der Motorik ausbalancieren.

Sind die Informationen des Vestibulärorgans nicht ausreichend, können wir diese Schwierigkeit mit Informationen unserer visuellen Wahrnehmung kompensieren. Da das Halten des Gleichgewichts vorrangig ist, sind einfach weniger visuelle Kapazitäten für schulisches Lernen frei. Kinder mit einer schlechten Verarbeitung des Gleichgewichtssinns zappeln häufig auf ihrem Stuhl herum oder zeigen andere Formen motorischer Unruhe. Auf diese Art können sie zusätzliche Informationen über das Gleichgewicht erhalten.

Hinweise für eine Förderung

Alle Bewegungen, die Anforderungen an das Gleichgewichtsorgan stellen, sind eine Förderung. Dazu gehören alle Formen von Balancierbewegungen, Schaukeln, Bewegen über einen unebenen oder nicht festen Boden (Schlamm, Weichbodenmatte), Sitzen auf einem Sitzball etc. Wenn ein Kind hier sehr große Auffälligkeiten aufweist, ist es sinnvoll, insbesondere wenn bei Station 1.3 auch Auffälligkeiten da sind, das Kind für eine Psychomotoriktherapie anzumelden. Falls so etwas vor Ort nicht vorhanden ist, ist gegebenenfalls auch eine Ergotherapie als nicht ganz so geeignete Alternative möglich. Gleichzeitig kann eine sportliche Förderung wie z. B. Reiten (insbesondere Voltigieren), Schwimmen, Judo, Trampolinspringen und Ballett für eine Förderung des Gleichgewichtssinns sehr hilfreich sein.

▶ **Weitere Hinweise auf eine Förderung durch Sport s. S. 23**

Hinweise auf eine Förderung durch Sport

Allgemeine Hinweise für eine Förderung bei Problemen

▷ der **Bewegungs- und Handlungsplanung**,
▷ der **propriozeptiven** oder **vestibulären Wahrnehmung**,
▷ der **Körperkoordination**,
▷ der **Bilateration** oder **der Körpermittellinienkreuzung**.

Für Kinder, die eines der oben genannten Probleme aufweisen, sind sportliche Aktivitäten empfehlenswert. Die Sportart ist nach folgendem Kriterium auszuwählen: Es sollte sich um eine Individualsportart handeln, da bei Mannschaftssportarten die betroffenen Kinder häufig zu wenig in das Spiel integriert werden und so zu wenig der förderlichen Bewegungen ausführen bzw. nur als „aktive Zuschauer" fungieren, d. h. sie laufen mit der Gruppe mit, sind aber nur begrenzt am Geschehen beteiligt.
Unter den Individualsportarten sind besonders solche auszuwählen, die die oben angeführten Wahrnehmungen und motorischen Prozesse fördern.

Bewegungsplanung wird besonders bei Sportarten trainiert, bei denen man sich an die Bewegungen eines Partners anpassen muss, z. B.: bei den **Kampfsportarten** Judo und in eingeschränktem Maße auch Jiu-Jitsu sowie beim **Reitsport**, insbesondere beim Voltigieren, wo man sich an die Bewegungen des Pferdes anpassen muss. Bei beiden wird vor allem die vestibuläre, propriozeptive und taktile Wahrnehmung sowie die Handlungsplanung gefördert.

Beim **Schwimmen** verändern sich durch den Auftrieb im Wasser die Bedingungen für die propriozeptive Wahrnehmung. Das Gehirn muss nun unter veränderten Bedingungen die Bewegungsplanung erarbeiten. Dadurch erfolgt ein Training des Gehirns, wodurch dieses dann auch in anderen Situationsbewegungen besser planen kann.

Auch Bewegungen auf einem großen **Trampolin** erfolgen unter anderen Bedingungen als auf dem Boden. Hierbei kommt es zu starker vestibulärer Stimulation.

Bei **Gymnastik**, **Tanz**, **Akrobatik** und **Tai Chi** wird sowohl die Bewegungsplanung als auch die Körpermittellinienkreuzung, die vestibuläre und propriozeptive Wahrnehmung gefördert. Beim Tanz wird zusätzlich noch die rhythmische Wahrnehmung geschult.
Die ausgeführten Sportarten stellen keinen Anspruch auf Vollständigkeit. Bei der Beurteilung einer Sportart ist immer zu überlegen, welche Wahrnehmungssinne und motorischen Fähigkeiten angesprochen werden und ob das Kind aktiv mitmachen muss. Die Sportart sollte einen ganzkörperlichen Einsatz im o. a. Sinne fördern. Solange ein Kind Spaß an den beschriebenen Sportarten hat und aktiv mitmacht, kann dies ein guter Ersatz für eine Psychomotorik- oder Ergotherapie sein. Therapien sind immer dann notwendig, wenn das Kind Bewegungen vermeidet. Doch auch wenn ein Kind eine Therapie bekommt, kann Sport eine gute Ergänzung und Zusatzförderung sein.

Station 1.2: Bewegungsplanung und vestibuläre Wahrnehmung

Rückwärts gehen mit Drehung
Stufe: 1
Material: Holzbalken, ersatzweise 5 cm breite Linie
Übung: Das Kind geht rückwärts, dreht sich um sich selbst und geht rückwärts weiter.

Durchführung

Das Kind geht rückwärts, entweder auf einem auf dem Boden liegenden ca. 5 cm breiten Holzbalken mit 1,5 bis 2 cm Höhe oder, wenn dies nicht möglich ist, auf einer 5 cm breiten Linie (z. B. Spielfeldmarkierungen in der Turnhalle). Beim Rückwärtsgehen setzt das Kind Fuß an Fuß. Am Ende des Balkens setzt das Kind einen Fuß hinter dem Balken auf, dreht sich auf einem Fuß um 180°, während der andere Fuß in der Luft ist und beginnt anschließend, rückwärts auf dem Balken zurückzubalancieren.

Auf dem Holzbalken ist die Beobachtung wesentlich leichter als auf einer Linie.

Zunächst soll dem Kind vorgeführt werden, wie es zu gehen und sich zu drehen hat. Dabei ist auch die Drehung dem Kind vorzuführen. Dieses Tun sollte sprachlich begleitet werden, nämlich, dass es wichtig sei, auf dem Fuß bzw. der Fußspitze sich zu drehen, während der andere Fuß in der Luft ist, und nach der Drehung sofort weiterzugehen.

Der Rückwärtsgang entlang einer Linie stellt hohe Anforderungen an die Gleichgewichtsreaktion. Bei der Drehung um sich selbst reagiert das Vestibulärorgan im Innenohr. Bei einer normalen Reaktion wird das Kind leichte Schwierigkeiten haben, nach der Drehung das Gleichgewicht wieder zu erringen und dafür Ausgleichsbewegungen ausführen. Kurz nach der Drehung muss wieder ein gutes Gleichgewicht erreicht sein, so dass der weitere Weg wie vor der Drehung ausgeführt werden kann. Bleiben die Ausgleichsbewegungen bzw. ein Abweichen von der Linie länger bestehen, ist dies ein Zeichen für eine Übersensibilität des Vestibulärorgans. Wird dem Kind nach der Drehung schwindelig, soll es sich auf den Boden setzen und der Beobachter massiert die Füße. Später kann man die Übung beenden lassen, wenn das Kind dies möchte.

Gelingt dem Kind die Drehung auf einem Fuß nicht, kann man sie noch einmal vormachen und sie mit anschließendem Gehen von ungefähr 10 Schritten vom Kind wiederholen lassen. Auch wenn das Kind nach gelungener Drehung nicht sofort wieder losgeht, lässt man das Kind die Drehung mit sofortigem Weitergehen wiederholen. Wenn das Kind offensichtlich auch nach zwei oder drei Versuchen nicht in der Lage ist, diese Bewegung anweisungsgemäß auszuführen, ist von weiteren Versuchen abzusehen.

Geht das Kind entlang einer Linie, so kann man das Kind von hinten beobachten und kündigt vorab dem Kind an, ein akustisches Signal für den Start der Drehung zu geben, z. B. das Brüllen eines Löwen. Insgesamt sollte die Strecke, die das Kind nach der Drehung geht, etwa 10 bis 15 Schritte umfassen.

Das Kind ist daraufhin zu beobachten, ob es starke Ausgleichsbewegungen mit den Armen macht, ob es Füße neben die Linie setzt oder den Fuß beispielsweise schräg aufsetzt, ob es Verkrampfungen, eine asymmetrische Körperhaltung der Arme oder des Oberkörpers gibt. Wenn das Kind neben die Linie tritt, ist darauf zu achten, ob die Abweichungen vor allem nach rechts, links oder gleichmäßig verteilt erfolgen. Gleichzeitig muss man den Gesamtbewegungsablauf beobachten, ob das Kind sicher und zügig geht oder eher zögerlich und scheinbar ungeschickt mit wenig fließenden Bewegungen. Besonderes Augenmerk ist auf die Drehung zu legen sowie die ersten Schritte nach der Drehung. Abweichungen von ein bis drei Schritten von der Linie bei 20 Schritten sind bis zu einem Alter von neun Jahren als normal anzusehen. Unmittelbar nach der Drehung darf ein Schritt neben die Linie gesetzt und kurzzeitig deutliche Balancierbewegungen sichtbar werden. Gegebenenfalls achtet man auch darauf, ob das Kind in der Lage ist, mit dem Fuß gut abzurollen. Setzt das Kind die Füße nicht sauber hintereinander, ist zu beurteilen, ob möglicherweise durch die andere Art der Fußsetzung eine Körpermittellinienkreuzung vermieden wird. Dies ist zusätzlich zu beschreiben. Falls das Kind freiwillig immer wieder zum Balken zurückkehrt und übt und sich dadurch deutliche Verbesserungen im Bewegungsablauf erkennen lassen, ist dies ein Hinweis darauf, dass es sich um Handlungsplanungsprobleme und nicht so sehr um Gleichgewichtsprobleme handelt.

Da bei dieser Aufgabe sehr viel gleichzeitig beobachtet werden muss, ist es sinnvoll, bei ungeübten Beobachtern diese Station zu zweit zu betreuen oder eine Videoaufnahme anzufertigen.

Anweisung

1. Variante auf dem Balken:

Gehe rückwärts auf diesem Balken. Dabei setze einen Fuß an den anderen. Gehe so weit, bis du mit einem Fuß einen Schritt hinter den Balken getreten bist. Dann drehe dich auf einem Fuß um, während der andere Fuß dabei in der Luft ist, und gehe sofort

III. 1. Körperbezogene basale Fähigkeiten

rückwärts wieder auf dem Balken zurück. Ich mache dir die Übung jetzt vor. Schaue mir gut zu und fange erst danach an (insbesondere die Drehung vorführen).

2. Variante auf der Linie:

Hier ist eine Linie. Gehe rückwärts auf dieser Linie entlang. Dabei setze einen Fuß an den anderen. Gehe so lange, bis du mich hinter dir wie einen Löwen brüllen hörst (oder bis zu einer markierten Stelle), *dann drehe dich auf einem Fuß um, während der andere Fuß in der Luft ist und gehe rückwärts zurück. Schaue mir erst zu, ich mache es dir jetzt vor* (insbesondere die Drehung vorführen).

Bewertung (in Anlehnung an Cárdenas 2002, S. 97 f.)

a) Vestibulär:

100 %	Nach der Drehung wird ein Schritt neben die Linie gesetzt und es sind Balancierbewegungen nötig, die aber kurz nach einem Ausfallschritt wieder ebenso häufig und stark wie vor der Drehung sind.
50 %	Nach der Drehung werden 2–3 Schritte neben die Linie gesetzt, die von deutlichen Ausgleichsbewegungen begleitet werden. Das weitere Balancieren fällt schwerer als vor der Drehung.
0 %	▷ Nach der Drehung ist dem Kind schwindelig und es muss das weitere Balancieren unterbrechen (deutliche Übersensibilität). ▷ Die Drehung auf einem Fuß (d. h. mit etwas Tempo) gelingt auch bei der Wiederholung nicht. ▷ Das Kind steht nach der Drehung eine Weile, bevor es sich wieder ans Balancieren macht. Ist eines dieser Phänomene deutlich ausgeprägt, ist das Kind mit 0 % zu beurteilen.

b) Gleichgewicht:

100 %	Arme hängen meist neben dem Körper, geringe Balancierbewegungen bis zur Wende; 1–3 Abweichungen von der Linie bei 20 Schritten sind bis zu einem Alter von 9 Jahren als normal anzusehen.
50 %	Deutliche Balancierbewegungen, insgesamt 4 bis 10 Abweichbewegungen bei 20 Schritten.
0 %	Ständige Ausweichschritte und starke Ausgleichsbewegungen beim Balancieren sind nötig, das Kind ist nicht in der Lage, 2–3 Schritte hintereinander auf der Linie zu gehen.

c) Asymmetrien:

Abweichung der Schritte von der Linie:
– vor allem nach links,
– vor allem nach rechts,
– gleich verteilt.

d) Mitbewegungen:

100 %	Keine Mitbewegungen oder lockere Spiegelbewegungen.
50 %	Zweifelhaft, ansatzweise Verkrampfungen von Hand und/oder Mund.
0 %	Deutliche assoziierte tonische Reaktionen, also Verkrampfungen von Hand und/oder Mund.

e) Handlungsplanung: Balancieren

100 %	Kind geht sicher und vom Bewegungsablauf zügig rückwärts.
50 %	Kind geht zögerlich, scheinbar ungeschickt mit wenig fließenden Bewegungen.
0 %	▷ Kind geht ungeschickt, bricht ab, kann die Aufgabe nicht bewältigen. ▷ Das Kind kann nicht wechselweise die Füße setzen, es fußt nach.

f) Handlungsplanung: Drehung

100 %	Kind dreht sicher und korrekt.
50 %	Drehung gelingt nach mehreren Versuchen oder mit „Zwischenhüpfern" ohne Abstützen durch den anderen Fuß.
0 %	Kind schafft die Drehung auch nach mehreren Versuchen nicht.

(vgl. CÁRDENAS, B.: Diagnostik mit Pfiffigunde. borgmann publishing, Dortmund 2002, S. 97 f.)

Hintergrund und Bedeutung für das Lernen in der Schule

Der Rückwärtsgang entlang einer Linie stellt hohe Anforderungen an die Gleichgewichtsreaktion. Bei der Drehung um sich selbst reagiert das Vestibulärorgan im Innenohr. Wenn wir sitzen oder stehen, fallen wir nicht um, weil wir unser Gleichgewicht halten können. Sind die Informationen des Vestibulärorgans nicht ausreichend, können wir diese Schwierigkeit mit Informationen unserer visuellen Wahrnehmung kompensieren. Da das Halten des Gleichgewichts vorrangig ist, sind einfach weniger visuelle Kapazitäten für schulisches Lernen frei. Es können Mitbewegungen beobachtet werden. Konstante Abweichungen der Schritte nach einer Seite weisen eventuell auf eine Seitenbetonung (Hemisyndrom) hin. Da Kinder als Alltagsbewegung selten rückwärts balancieren, haben sie kein automatisiertes Bewegungsmuster für das Rückwärtsgehen. Insofern ist diese Aufgabe zur Diagnose geeignet, ob Kinder Bewegungsplanungen vornehmen und umsetzen können. Gelingt dies nicht, kann eine Dyspraxie vorliegen. Das Kind wirkt auch bei vielen anderen Tätigkeiten ungeschickt. Die Fähigkeit zur Bewegungsplanung wird als Voraussetzung für die Fähigkeit zur Handlungsplanung angesehen. Das Kind kann Tätigkeiten nicht ausführen. Es weiß, was es machen will oder soll, muss aber die dafür notwendigen Handlungen immer und immer wieder neu planen. In der Schule verlangen die meisten Aufgaben jedoch eine Handlungsplanung (sofern nicht automatisierte Muster vorhanden sind), wie das Aufstellen in einer Zweierreihe, die Linienführung beim Schreiben, das Aufschlagen eines Buches, das Packen der Büchertasche, das Aufräumen des Arbeitsplatzes etc. Ob bei einem schwankenden unsicheren Gang ein Problem bei der Handlungsplanung vorliegt oder ob dies die Folge einer Gleichgewichtsproblematik ist, ist nicht immer leicht zu erkennen. Sicherheit gibt es nur, wenn eindeutig keine Gleichgewichtsstörungen vorliegen (Station 1.1). Ein Indiz für Schwierigkeiten bei der Handlungsplanung ist immer dann gegeben, wenn das Kind durch Üben seine Leistung relativ stark verbessern kann. Probleme mit dem Gleichgewicht lassen sich nicht in so kurzer Zeit effektiv beheben, wohl aber lässt sich ein Handlungsmuster antrainieren.

Hinweise auf eine Förderung

Wenn ein Kind, außer an Station 1.2 auch noch an Station 1.1, deutlich erkennbare Gleichgewichtsprobleme oder an Station 1.3 größere erkennbare Probleme bei der propriozeptiven Wahrnehmung hat, sind basale Körperwahrnehmungen gestört. Neben einer aktiven Förderung von Körpererfahrungen in der Schule sollte ein solches Kind unbedingt bei einer Psychomotoriktherapie angemeldet werden. Falls diese vor Ort nicht vorhanden ist, sind auch eine gute Ergotherapie oder bestimmte Sportarten als Alternativen möglich.

▶ **Weitere Hinweise auf eine Förderung durch Sport s. S. 23**

In der Schule sollte man Kinder mit Gleichgewichtsproblemen viel an Turngeräte mit Balancieraufgaben, Bordsteinkanten und Ähnliches heranlassen. Für Handlungs- bzw. Bewegungsplanungsprobleme, die sich in der Handlungsplanung auswirken, ist es für Kinder hilfreich, wenn Aufgaben sehr kleinschrittig erklärt werden und die Lehrkraft viel Geduld hat, bis das Kind Aufträge in eine Handlung umsetzen kann. Eventuell kann man auch Mitschüler als Assistenten einsetzen. Hilfreich kann eine Erinnerung an gleiche oder ähnliche Handlungen sein.

Station 1.3: Propriozeptive Wahrnehmung (Tiefensensibilität)

Gewichte unterscheiden

Stufe: 1
Material: Dosen mit unterschiedlichem Gewicht
Übung: Das Kind ordnet die Dosen entsprechend ihrem Gewicht.

Durchführung

Das Kind soll äußerlich gleiche Dosen entsprechend ihrem Gewicht von der leichtesten zur schwersten hin ordnen. Zur Kontrolle ist es am leichtesten, die Dosen mit griechischen Buchstaben oder anderen Symbolfolgen (z. B. Wochentage in einer Fremdsprache) zu versehen, so dass der Beobachter daran schnell überprüfen kann, ob das Kind die Aufgabe bewältigt hat. Es sollte bei der Füllung der Dosen darauf geachtet werden, dass möglichst wenig akustische Hinweisreize gegeben werden. Wenn zu hören ist, dass in einer Dose etwas Festeres ist, legt das oft die Vermutung nahe, dass diese Dose schwer ist. Es ist unwichtig, ob das Kind eine aufsteigende oder abfallende Reihe des Gewichts herstellt.

Folgende Arten von Hilfe dürfen gegeben werden:

a) Das Kind zwei Dosen vergleichen lassen und diese entsprechend der Einschätzung des Kindes aufstellen;

b) eine der beiden Dosen mit einer dritten vergleichen und entsprechend einordnen lassen bzw. diese selber hinstellen oder

c) wenn das Kind auch mit den Hilfen die Reihenfolge nicht herstellen kann, aber offensichtlich die Gewichtsunterschiede fühlt, lässt man das Kind Gewichtsvergleiche machen, bis man ausreichend Angaben vom Kind hat, um selber die Reihenfolge herzustellen. Denn es ist ausschließlich von Bedeutung, ob das Kind die Gewichtsunterschiede fühlt, nicht aber, ob es Reihenfolgen bilden kann oder sprachliche Anweisungen versteht.

Eine eher noch leicht zu bewältigende Reihe kann sein mit Dosen, die zum Beispiel 70 Gramm, 120 Gramm, 200 Gramm, 330 Gramm und 500 Gramm wiegen. Es sind auch Reihen, die insgesamt mehr Elemente enthalten oder geringere Abstände haben, denkbar. Die Gewichtsdifferenzen müssen von den leichten zu den schweren Dosen hin zunehmen. Grundsätzlich ist zu notieren, in welcher Reihenfolge das Kind die Dosen gestellt hat. Ordnet ein Kind zwei oder mehr Dosen als gleich schwer ein, so sind diese beim Notieren übereinanderzuschreiben.

Anweisung

Du hast hier fünf Dosen. Stelle sie so, dass die leichteste Dose ganz links steht (zeigen) *und du dann eine Reihe machst, in der die Dosen immer schwerer werden. Nimm die Dosen dafür in die Hand.*

Bewertung
Propriozeptive Wahrnehmung:

100 %	Alle Dosen stehen in der richtigen Reihenfolge.
75 %	Eine Dose ist falsch einsortiert (z. B. zwei Dosen als gleich schwer eingeordnet).
0 %	Zwei und mehr Dosen sind falsch einsortiert.

Hintergrund und Bedeutung für das Lernen in der Schule

Die Aufgabe ist nur lösbar, wenn das Kind eine gute körpereigene Wahrnehmung von den Rezeptoren an Muskeln und Gelenken hat (Propriozeption, Tiefensensibilität). Diese liefern ihm die Informationen über den Kraftaufwand zum Heben der Dosen und damit über das Gewicht der Dosen. Kinder mit Störungen der Propriozeption haben Schwierigkeiten mit der Kraftdosierung. Häufig ist als Folge der Sozialkontakt beeinträchtigt. Da die Kinder nicht richtig einschätzen können, mit wie viel Kraft sie zufassen, sind „zärtliche" Berührungen und/oder normale körperliche Kontaktaufnahmen für den Partner oft sehr schmerzhaft. Das Gegenüber versucht dann, Kontakte zu vermeiden und/oder schimpft mit dem Kind, wobei das Kind nicht versteht, was die anderen von ihm wollen. („Sei doch lieb zu deinen Freunden." „Kneif mich nicht." „Du kannst doch nicht einfach deinen Freund schubsen." etc.) Weiter sind diese Kinder oft ungeschickt, haben Probleme in der Bewegungskoordination und der Handlungsplanung. Zum Führen eines Stiftes ist eine gute Eigenwahrnehmung erforderlich, andernfalls muss visuell kontrolliert werden, ob das Ergebnis des Schreibens dem Gewünschten entspricht. Kinder mit großen Problemen in dem Bereich der Tiefen- und Oberflächensensibilität (taktile Wahrnehmung) geht es so, als wenn wir mit klammgefrorenen Händen versuchten zu schreiben.

Hinweise für eine Förderung

Kinder, die in diesem Bereich Schwierigkeiten haben, sind grundsätzlich für eine Psychomotorikbehandlung vorzuschlagen, ggf. zur Absicherung noch bei einem Kinderzentrum vorzustellen. Gibt es keine Psychomotoriktherapieangebote vor Ort, können auch Sportarten nach den allgemeinen Hinweisen gewählt werden und für Bewegungserfahrungen sorgen. Sofern das Kind Freude an einer der Sportarten hat, sollte sie auch zusätzlich zu einer Therapie ausgeübt werden.

▶ **Weitere Hinweise auf eine Förderung durch Sport s. S. 23**

In der Schule sollte man die Kinder sehr stark mit Aufgaben betrauen, bei denen sie etwas heben, tragen oder bewegen müssen, z. B. Hefte einsammeln, Bücher umhertragen oder die Tasche der Lehrkraft tragen. Eltern sollten darauf hingewiesen werden, dass sie ihrem Kind nicht helfen, wenn sie ihm die Büchertasche in die Schule tragen, am besten noch am Platz verstauen. Diesen Kindern hilft es, wenn man sie für andere die Stühle mit hochstellen lässt und ihnen ähnliche Aufgaben überträgt. Im Sportunterricht sollten sie unbedingt beim Aufbauen aktiv mithelfen.

Auch Partnermassagen und Geschichten, bei denen man massageähnliche Erfahrungen auf dem Rücken eines Partners in Begleitung zu einer solchen Geschichte macht, können außerordentlich hilfreich für diese Kinder sein.

Station 1.4: Körpergefühl und taktile Wahrnehmung

Berührungsorte am Körper erkennen
Stufe: 1
Material: Stab oder Kugelschreiber
Übung: Der Beobachter berührt das Kind an verschiedenen Stellen am Körper bzw. am Arm.

Durchführung

An dieser Station werden die taktile Wahrnehmung und das Körpergefühl untersucht.

a) Der Beobachter berührt mit einer Kugelschreiberspitze das Kind nacheinander sehr leicht an verschiedenen Stellen der Hand und des Unterarmes. Die Unterarme sollten währenddessen nicht von Kleidungsstücken bedeckt sein. Während der Berührung hält das Kind die Augen geschlossen. Nach jeder Berührung öffnet das Kind die Augen und wird aufgefordert, seine Fingerspitze auf den zuvor berührten Punkt zu legen. Weiterhin werden verschiedene Finger berührt. Das Kind soll dem Beobachter zeigen, an welchem Finger es berührt wurde. Das Kind kann gegebenenfalls aufgefordert werden, genau zu zeigen, wo es berührt worden ist, insbesondere wenn man den Eindruck hat, dass das Kind sehr flüchtig hinzeigt. Abweichungen sind zu vermerken (gegebenenfalls messen), insbesondere wenn das Kind stark abweichend andere Finger, Fingerglieder oder deutlich mehr als drei Zentimeter vom Berührungsort anzeigt. Von letzteren sind weniger die Finger als vielmehr der Arm betroffen. Wenn das Kind große Probleme mit dem Erkennen des Berührungsortes hat, kann man schauen, ob sich eine Veränderung ergibt, wenn man mit deutlichem Druck arbeitet. Dies ist aber dann schon eine Auffälligkeit. Vor der Ausführung sollte das Einverständnis des Kindes eingeholt werden, dass der Erwachsene es berühren darf.

b) Dem Kind, das vor dem Beobachter steht, werden gleichzeitig zwei taktile Reize an verschiedenen Stellen des Körpers gegeben. Zum Beispiel: Wangen und Hand, Knie und Schulter, Finger und Arm. Die Berührung sollte nicht durch dicke oder feste Kleidungsstücke gegeben werden. Das Kind gibt nach dem Öffnen der Augen an, wo es vom Beobachter berührt wurde. Von diesen Berührungen sollten beide Körperseiten betroffen sein. Falls das Kind nur mit einer dieser beiden Berührungsformen Schwierigkeiten hat, ist dies unbedingt zu notieren.

Anweisung

Kennst du einen Goldhamster oder eine Maus? Ich spiele jetzt mit diesem Stift einen neugierigen Goldhamster. Der Goldhamster sieht nicht so gut. Er lernt seine Welt durch Schnuppern kennen und ist ganz neugierig. Schiebe die Ärmel hoch und lege die Hände auf den Tisch. Mache bitte deine Augen zu und die Nase des Goldhamsters wird gleich an dir schnuppern. Darf ich dich mit dem Stift berühren? Immer wenn er dich mit seiner Nase angestupst hat, sollst du mir zeigen, wo er dich berührt hat. Dafür darfst du die Augen aufmachen.

Bewertung

Bewertung gilt für die Aufgaben

a) **Hand, Arm** und

b) **ganzer Körper (zwei Reize gleichzeitig).**

100 %	Das Kind erkennt alle gesetzten Reize.
75 %	Das Kind erkennt 5 von 6 gesetzten Reizen.
50 %	Das Kind erkennt 4 von 6 gesetzten Reizen.
0 %	Das Kind ist insgesamt unsicher und erkennt nur die Hälfte oder weniger der gesetzten Reize.

Hintergrund und Bedeutung für das Lernen in der Schule

Das taktile System ist das erste sensorische System, das sich beim Menschen entwickelt, und zwar schon im Mutterleib. Taktile Reize gehen an praktisch alle Zentren des Gehirns. Ohne ausreichende taktile Stimulierung tendiert das Nervensystem dazu, aus dem „Gleichgewicht" zu kommen. Ebenfalls werden taktile Reize als erste in andere Reizsysteme, wie das vestibuläre, propriozeptive und visuelle System, integriert. Taktile Reize sind extrem wichtig für emotionales Wohlbefinden, aber auch für die Materialerfahrung, die Körperwahrnehmung und die Sozialwahrnehmung. Sind die Reize auf beiden Körperseiten gesetzt, verlangt dies eine Zusammenarbeit beider Gehirnhälften, um die Berührungsorte zu erkennen. Bei gestörter taktiler Wahrnehmung ist es z. B. schwierig, mit Stiften umzugehen, weil das Kind sie nicht „richtig" spürt. Ohne ausgebildetes Körperschema (aufgrund fehlender Körperwahrnehmung) ist es ebenfalls schwierig, Handlungen zu planen. Das Kind weiß buchstäblich nicht, welchen Teil seines Körpers es wie zu bewegen hat, um etwas Gewünschtes zu erreichen. Sanfte Berührungen hinterlassen bei einigen Formen schlechter taktiler Wahrnehmungsverarbeitung ausschließlich ein Gefühl der Irritation. Diese Kinder vermeiden, berührt zu werden oder reagieren abwehrend aggressiv auf diese, sie verunsichernden Berührungen.

Hinweise für eine Förderung

Zeigt ein Kind eine taktile Abwehr, muss man ausprobieren, ob das Kind mit sehr klaren (starken) Berührungsreizen besser umgehen kann. Ist dies der Fall, sollten diese Kinder sehr fest angefasst werden. Bastelarbeiten mit Kleister, Ton, Knete, Fingerfarben o. Ä. fördern die taktile Wahrnehmung. Es ist unbedingt eine psychomotorische Therapie zu empfehlen. Für die Förderung der taktilen Wahrnehmung im Bereich der Hände ist eine Ergotherapie ebenfalls hilfreich. Die Psychomotoriktherapie ist allerdings vorzuziehen, wenn außer der taktilen Wahrnehmung auch andere basale Wahrnehmungen (Stufe 1 und 2) Auffälligkeiten aufweisen.

Station 1.5: Augenmotorik und Auge-Hand-Koordination

Liegende Acht
Stufe: 1
Material: eventuell Fingerpuppen
Übung: Mit dem ausgestreckten Arm eine liegende Acht in die Luft malen und die Bewegung mit den Augen verfolgen.

Durchführung

a) Das Kind soll mit den Augen mehrere in die Luft gemalte, liegende Achten verfolgen. Die Acht sollte mit einem hochgestreckten Daumen gemalt werden, gegebenenfalls kann man auch eine Fingerpuppe auf den Daumen setzen. Die Acht sollte etwa in Schulterbreite des Kindes, in Augenhöhe und in einem Abstand von ca. 50 cm vor dem Kind gemacht werden. Das Kind wird von vorne beobachtet. Es ist auf die Augenbewegung zu achten, insbesondere ob das Kind überschießende Augenbewegungen macht, Augensprünge zeigt, der Bewegung des Daumens vorauseilt oder ihm verzögert folgt. Insbesondere ist darauf zu achten, ob Augensprünge im Bereich der Körpermittellinienkreuzung erfolgen. Die Bewegung ist etwa zweimal, bei einer Unsicherheit in der Beobachtung auch öfter in einer kontinuierlichen, fließenden und relativ ruhigen Bewegung durchzuführen. Dem Kind wird dabei gesagt, dass man gucken will, ob es seine Augen gut bewegen kann, d. h. es soll auf den Daumen schauen und nicht den Beobachter ansehen. Der Kopf des Kindes soll bei der gesamten Übung ruhig sein, d. h. sich selber nicht bewegen. Um sicher zu sein, dass das Kind mit den Augen nicht vorauseilt, ist es möglich, Bewegungsunterbrechungen einzubauen, aber erst, nachdem die Bewegung zweimal als kontinuierliche Bewegung durchgeführt wurde. Die Augen müssen dann relativ schnell zum Stand kommen.

b) Anschließend soll das Kind die Bewegung selber durchführen und dabei den eigenen Daumen beobachten. Dafür ist zunächst sicherzustellen, ob das Kind die Bewegung als solche erfasst hat, d. h. dafür fragt man das Kind, ob es gesehen hat, wie die Bewegung aussieht. Es ist möglich, diese Bewegung noch einmal vorzuführen oder auch sprachlich zu begleiten, wie: eine Schleife nach rechts, dann eine Schleife nach links und gleich hinterher wieder eine nach rechts und gleich daran eine nach links. Oder man kann das Kind fragen, ob es schon weiß, wie man eine Acht schreibt und das ist eine Acht, die umgekippt ist. Da Rechtshänder in der Regel die Bewegung zunächst zur rechten Seite durchführen, kann es sinnvoll sein, als Beobachter, der quasi wie ein Spiegel ist, mit der Bewegungsausführung zunächst nach links zu beginnen, so dass es ein harmonischer Ablauf für das Kind wird. Das Kind kann die Bewegung zunächst einmal üben, ohne gleichzeitig mit den Augen auf den Daumen zu schauen und erst in einem zweiten Versuch mit den Augen auf den eigenen bewegten Daumen sehen. Da es wichtig ist, dass das Kind mit der Bewegung und den Augen die Körpermittellinie kreuzt, kann man dem Kind gegebenenfalls zeigen, wie groß die liegende Acht sein soll, indem man auf Schulterbreite mit den Händen die Größe andeutet. Es kann auch eine spontane Bevorzugung einer Hand beobachtet werden.

Zu beobachten ist in beiden Fällen, ob die Bulbusachsen (Achsen der Augäpfel, die durch die Pupille geht), während des gesamten Bewegungsvorgangs parallel bleiben, die Augenbewegungen geschmeidig und nicht ruckartig sind, die Augen sollen nicht vorauseilen oder sich überschießend weiterbewegen, wenn die Bewegung stoppt. Wenn ein Kind blinzeln muss oder Augensprünge macht, muss dies genau beobachtet und notiert werden. Die Eltern müssen darüber informiert werden und sollten deswegen einen Augenarzt konsultieren. Es ist darauf zu achten, dass das Kind in der Lage ist, die Bewegung mit der Hand korrekt auszuführen oder ob es unter Umständen die Körpermittellinienkreuzung vermeidet. Wenn die Auffälligkeiten der Bewegung beim Kreuzen der Körpermittellinie erfolgen, dann ist dies gesondert zu notieren. Dies kann sowohl bei der Augenmotorik der Fall sein, indem sich die Augensprünge nur beim Kreuzen der Körpermittellinie zeigen, als auch bei der Auge-Hand-Koordination, wobei das Kind den Bewegungsfluss der Hand und/oder der Augen im Bereich der Mittellinie unterbricht bzw. die Handbewegung nicht über die Mittellinie ausführt. Die Bewegung wird dann sehr klein durchgeführt oder abgewandelt, indem das Kind eine der Schleifen nach oben oder unten ausführt. Eine weitere Möglichkeit ist, dass das Kind, um die Bewegung nicht über die Körpermittellinie führen zu müssen, den Oberkörper seitwärts dreht. Zu notieren ist auch, ob das Kind spontan die Bewegung ohne Mittellinienkreuzung durchführt, aber auf Aufforderung hin diese problemlos kreuzt.

Anweisung

Ich mache mit dem Daumen eine Bewegung (liegende Acht). Schaue genau auf meinen Daumen (nicht auf mich) und halte deinen Kopf still. Ich möchte einmal sehen, wie gut du deine Augen bewegen kannst.

Das Kind führt die komplette Bewegung mindestens zweimal ruhig und langsam durch. Mit der Bewegung mittig ansetzen und vom Beobachter aus nach links oben beginnen.

Hast du gesehen, was ich in die Luft gemalt habe? Gegebenenfalls für Linkshänder die Richtung ändern, da das Kind sonst spiegelverkehrte Bewegungen macht. Rechts- und Linkshändigkeit kann beim Bewegungsablauf eine Rolle spielen.

Wird die Frage vom Kind verneint, die Bewegung noch einmal vorführen und sprachlich begleiten mit: *Eine Schleife zu dieser Seite und eine Schleife zu dieser Seite!* oder: *Weißt du wie eine Acht geschrieben wird? Das ist eine Acht, die umgefallen ist und wir fangen an, sie in der Mitte zu malen. Jetzt versuche du es einmal. Strecke deinen Arm aus, mache eine Faust, bei der der Daumen nach oben zeigt und zeige mir das Zeichen, das ich in die Luft gemalt habe. Jetzt mache das Zeichen ganz groß* (eventuell mit den Händen einen Rahmen in Schulterbreite vorgeben) *und schaue dabei auf deinen Daumen. Du darfst den Kopf nicht bewegen. Kannst du das auch mit der anderen Hand?*

Bewertung

a) Augenmotorik
(beim Verfolgen des fremden Daumens):

100 %	Unauffällig.
50 %	Eine der folgenden Auffälligkeiten wurde beobachtet: überschießende Augenbewegungen, ruckartige Augenbewegungen oder keine Parallelität der Bulbusachsen.
0 %	Zwei bis vier der Auffälligkeiten (Blinzeln, überschießende Augenbewegungen, ruckartige Augenbewegungen oder keine Parallelität der Bulbusachsen) wurden beobachtet oder ein Verfolgen war nicht oder nur in Ansätzen möglich.

b) Auge-Hand-Koordination (mit der Hand eine liegende Acht in die Luft malen):

100 %	Unauffällig.
50 %	Die Augen eilen dem Daumen etwas voraus oder folgen geringfügig verzögert insbesondere bei der Änderung von Bewegungstempo oder -richtung.
0 %	Die Augen verlieren den Daumen, springen ggf. aus dem Sichtfeld hinaus, keine Synchronie, die Bewegung kann nicht selbstständig ausgeführt werden.

Präferenzdominanz der Hand:

Bei der Augen-Hand-Koordination muss beobachtet werden, welche Hand das Kind bevorzugt, **links** oder **rechts** oder ob es **zögert bzw. wechselt**.

Unter Anmerkungen sollte eingetragen werden, wenn die Auffälligkeiten der Augenbewegungen, der Handbewegungen oder der Koordination beider Bewegungen nur im Bereich der Körpermittellinienkreuzung auftreten. Außerdem sollte notiert werden, wenn die Aufgabe nur unter Mitbewegung des Kopfes erfolgt.

Hintergrund und Bedeutung für das Lernen in der Schule

Die Feinmotorik der äußeren Augenmuskeln ist u. a. für das Lesen- und Schreibenlernen wichtig. Kinder mit Augensprüngen oder überschießenden Augenbewegungen können häufig nicht in Zeilen oder Spalten bleiben. Durch die ruckartigen Bewegungen finden sie nicht wieder an die Stelle zurück, wo sie zuvor waren. Dies erschwert das Lesen, Abschreiben und Rechnen in Zeilen oder Kästchen. Eine Schablone kann zumindest in Heften und Büchern eine kompensatorische Hilfe bieten, sie ändert jedoch nichts an den Ursachen des Problems.

Wenn ein Kind zwar der Bewegung des fremden Daumens folgen kann, aber seine eigene Hand- und Augenbewegung nicht koordinieren kann, liegt eine Störung der Augen-Hand-Bewegung vor. Wird der Kopf mitbewegt, kann dies auf nicht abgebaute frühkindliche Reflexe hindeuten. Das Kind ist dann nicht in der Lage, Augen, Kopf und Hände ohne spontane Mitbewegungen auszuführen, was das Schreiben sehr erschwert.

Hinweise für eine Förderung

Hat das Kind Probleme bei der Körpermittellinienkreuzung, bei der Bewegung der Hand oder der Bewegungsplanung überhaupt, ist eine Psychomotoriktherapie am besten. In der Schule können Spiele mit Überkreuzbewegungen eine Hilfe, Unterstützung und Förderung darstellen. Insbesondere wenn schriftliche Arbeiten erfolgen, kann es für ein Kind sehr unterstützend sein, zunächst kurze Zeit vorher Überkreuzbewegungen durchzuführen mit Wechsel zwischen gleichseitigen und Überkreuzbewegungen. Ist die Augenmotorik auffällig, sollte eine Sehschule aufgesucht werden, bei der die Augenmuskeln trainiert werden. In manchen Fällen gibt es Augenärzte, die eine entsprechende Sehschule durchführen. Anderenfalls kann man mit den Kindern Übungen machen, wo sie relativ ruhige Bewegungen mit den Augen verfolgen müssen. Sehr gut geeignet sind Spiele mit Jongliertüchern, Verfolgen eines langsam rollenden Balls, eines Kerzenlichts, eine Art Volleyballspiel mit Luftballons oder mit Wasserbällen. Der Gegenstand sollte eher groß und kontrastreich vor dem Hintergrund sein und die Bewegung ansatzweise eher ruhig. Man kann auch einen Ball in ein Netz an der Decke an einer zwei bis drei Meter langen Schnur aufhängen, den Ball dann zum Pendeln bringen und die Kinder auffordern, dieses mit den Augen zu verfolgen. Die Übungen zur Stärkung der Augenmuskeln sind sehr anstrengend und sollten deshalb zu Beginn nur eine bis zwei Minuten dauern.

III. 1. Körperbezogene basale Fähigkeiten

Station 1.6: Augenmotorik

Linien mit den Augen verfolgen
Stufe: 1
Material: Vorlage 1
Übung: Auf dem Arbeitsblatt werden Linien mit den Augen verfolgt.

Durchführung

Das Blatt mit den Angelschnüren soll ausschließlich über die Augen gelöst werden. Ohne Zuhilfenahme des Fingers soll das Kind die Angelschnüre mit den Augen verfolgen und sagen, was an den einzelnen Angeln hängt. Dabei muss beobachtet werden, ob es gegebenenfalls mehrfach ansetzt, weil es die Schnur aus den Augen verloren hat. Um das Kind leichter beobachten zu können, kann man das Blatt auch auf ein Stehpult legen. Wenn ein Kind mit einer Angelschnur Schwierigkeiten hat, kann man es zunächst mit einer anderen beginnen lassen. Es ist auch darauf zu achten, dass die Kinder wirklich alle fünf Schnüre mit den Augen verfolgen und nicht für die letzte Angelschnur das letzte noch fehlende Teil einfach angeben. Gegebenenfalls kann man dann nachfragen: *Bist du ganz sicher, dass du vorher keinen Fehler gemacht hast?*

Anweisung

Sage mir bitte, was an den einzelnen Angeln hängt, indem du die Linie mit den Augen verfolgst, ohne einen Finger zu Hilfe zu nehmen. Was hängt an dieser Angelschnur? Und an dieser? usw.

(Lösung: 1 ≙ Fisch, 2 ≙ Flasche, 3 ≙ Schuh, 4 ≙ Hut, 5 ≙ Tasche)

Bewertung

Augenmotorik:

100 %	Das Kind findet alle Gegenstände, ohne neu ansetzen zu müssen.
50 %	Das Kind findet alle Gegenstände, muss dafür aber mehrmals von vorne anfangen.
0 %	Das Kind findet nicht alle Gegenstände.

Hintergrund und Bedeutung für das Lernen in der Schule

Die feinmotorische Koordination der äußeren Augenmuskeln bestimmt über Ausmaß und Qualität der Augenbewegungen. Um die Angelschnüre verfolgen zu können, müssen die Augenbewegungen geschmeidig und nicht ruckartig sein. Die Augen dürfen nicht vorauseilen oder sich überschießend bewegen. Wenn ein Kind blinzeln muss oder Augensprünge macht, kann es diese Aufgabe nicht oder nur eingeschränkt lösen. Die Bedeutung der Feinmotorik der äußeren Augenmuskeln für das Lernen in der Schule ist unter Station 1.5 genauer erläutert.

Hinweise für eine Förderung

Hat ein Kind deutliche Augensprünge, ist abzuklären, ob es vor Ort eine Sehschule gibt, manchmal bei Augenärzten angesiedelt, die sich mit diesem Phänomen auskennen. Unter Station 1.5 sind weitere Fördermöglichkeiten beschrieben.

▶ **Vorlage 1 (Station 1.6)**

Vorlage 1 (Station 1.6)

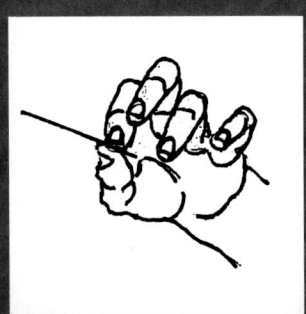

III. Beobachtungsstationen

2. Körperkoordination und Feinmotorik

(2. Stufe)

Station 2.1: Körperkoordination (Balancieren)

Station 2.2: Pinzettengriff

Station 2.3: Körperkoordination und Bilateralität

Station 2.4: Körperkoordination (Hüpfen auf einem Bein)

Station 2.5: Feinmotorik: Graphomotorik und Auge-Hand-Koordination
➧ Vorlage 2 (Bitte kopieren!)

Station 2.1: Körperkoordination

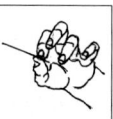

Balancieren
Stufe: 2
Material: Langbank
Übung: Kind balanciert über eine Langbank

Durchführung

Das Kind geht über eine umgedrehte Langbank. Der Fuß, den das Kind als ersten auf die Bank aufsetzt, ist als der bevorzugte Fuß anzusehen, auf den sich das Kind bei Gleichgewichts- und Geschicklichkeitsaufgaben in der Regel verlässt. Das Kind muss unter erschwerten Bedingungen (schmal und über dem Erdboden) das Gleichgewicht halten. Das Kind soll einen Fuß vor den anderen setzen. Gleichzeitig kann man etwas über die Muskelanspannung erkennen, d. h. ob das Kind federnd oder sehr laut geht. Zur besseren Beobachtung und um dem Kind beim Gehen mehr Möglichkeiten zum Fußabrollen zu geben, kann man die Kinder barfuß über die Bank balancieren lassen. Das Kind soll dabei nicht auf die Bank schauen, sondern einen Punkt etwa in Augenhöhe fixieren. Zu beobachten ist

▷ die Muskelspannung;
▷ ob das Kind auf dem Vorderfuß geht;
▷ nicht federnd geht;
▷ deutliche Ausgleichsbewegungen (Rudern) mit den Armen oder Oberkörper macht;
▷ beim Aufsteigen einen Haltegriff benutzt;
▷ hörbar und eher schnell mit Gleichgewichtsunsicherheit geht;
▷ sich bei einer Hilfestellung festhalten muss;
▷ die Aufgabe ganz verweigert.

Geht ein Kind zweimal über die Bank, ist zu beobachten, ob es beide Male mit demselben Fuß aufsteigt. Außerdem sollte man darauf achten, ob das Kind mit einem sicheren, zügigen Bewegungsablauf über den Balken geht, auch wenn es nicht auf seine Füße sehen darf. Zu bedenken ist, dass ein sehr schnelles Gehen eine Gleichgewichtsunsicherheit kompensieren kann.

Weiter sollte beobachtet werden, ob sich beim Balancieren Verkrampfungen im Gesicht (z. B. Verziehen des Mundes) oder bei den Händen beobachten lassen (z. B. Fäuste bilden). Diese sollten dann unter Anmerkungen aufgeführt werden.

Anweisung

Balanciere über die Bank. Setze dabei einen Fuß vor den anderen, so wie ich es dir vormache. Schaue dabei nicht auf die Füße, sondern nach vorne auf mich/auf diesen Punkt.
Gegebenenfalls die Übung auf dem Boden vormachen und üben lassen.

Bewertung (in Anlehnung an Cárdenas 2002, S. 65)

a) Muskelspannung:

100 %	Unauffällig.
50 %	Kind balanciert vorwiegend auf dem Vorderfuß, nicht federnd (deutliche Ausgleichsbewegungen) oder es geht hörbar und eher schnell (mit Gleichgewichtsunsicherheit).
0 %	Kind geht nur auf dem Vorderfuß (kann dadurch kein Gleichgewicht halten, benötigt Haltegriff oder verweigert die Aufgabe) oder es stampft laut hörbar auf, geht also sehr laut (verliert schnell das Gleichgewicht).

Präferenzdominanz Fuß:

linker Fuß, rechter Fuß, benötigt 2. Versuch, wechselt dabei den Fuß

b) Gleichgewicht:

100 %	Unauffällig, leichte Ausgleichsbewegungen.
75 %	Deutliche Ausgleichsbewegungen.
50 %	Das Kind macht deutliche Ausgleichsbewegungen, z. T. „Rudern" mit den Armen, benutzt beim Aufsteigen den Haltegriff.
0 %	Das Kind benutzt kontinuierlich den Haltegriff und/oder fällt/springt von der Bank.

c) Handlungsplanung:

100 %	Das Kind geht sicher und vom Bewegungsablauf zügig über den Balken.
50 %	Das Kind geht zögerlich, scheinbar ungeschickt mit wenig fließenden Bewegungen.
0 %	Das Kind geht ungeschickt, bricht ab, kann die Aufgabe nicht bewältigen.

Hintergrund und Bedeutung für das Lernen in der Schule

Da Kinder mit Problemen in der Körperkoordination selten als Alltagsbewegung balancieren und sich vorwärts bewegen, indem sie einen Fuß vor den anderen setzen, haben sie kein automatisiertes

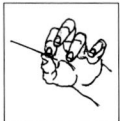
Bewegungsmuster für das Balancieren auf einem schmalen Weg. Insofern ist diese Aufgabe als geeignet zu sehen, ob Kinder Bewegungs- bzw. Handlungsplanungen vornehmen und umsetzen können. Gelingt die Aufgabe nicht, kann eine Dyspraxie vorliegen. Die möglichen Auswirkungen von Bewegungs- und Handlungsproblemen auf das Lernen in der Schule werden ausführlich in Kap. III. 1. beschrieben.

Hinweise für eine Förderung

Für das Kind sollte Sonderturnen beantragt werden. Beim Sport sollte das Kind zum Bewegen ermutigt werden, z.B. einen Hindernisparcours zu bewältigen, sich auf einem Trampolin oder auf einer Weichbodenmatte zu bewegen etc. Bewegungserfahrungen mit ganzkörperlichem Einsatz (z.B. Tragen) sollten dem Kind ermöglicht werden.

▶ **Weitere Hinweise auf eine Förderung durch Sport s. S. 23**

Gegebenenfalls sollten Anweisungen kleinschrittig mit Unterstützung von Piktogrammen, mit Vormachen und sprachlicher und schriftlicher Begleitung gegeben werden, wenn sich die Dyspraxie auf die Handlungsplanung auswirkt. Stellen Sie sicher, dass das Kind weiß, was es tun soll. Nachfragen sollten sich darauf beziehen, was das Kind als Erstes tun muss, um die gestellte Aufgabe zu bewältigen.

Station 2.2: Pinzettengriff

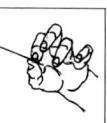

Geldstücke auflesen

Stufe: 2
Material: 15 Geldstücke (5-Cent-Stücke oder Schokotaler) und Dose
Übung: Das Kind liest Geldstücke auf und überkreuzt dabei die Körpermittellinie.

Durchführung

Entlang einer gedachten waagerechten Linie wird vor dem Kind eine Reihe von Geldstücken auf den Tisch gelegt. Besonders geeignet sind dafür die in Stanniolpapier eingepackten Süßigkeitsmünzen. Das Kind soll die Geldstücke der Reihe nach mit einem Pinzettengriff aufheben und in eine Dose legen. Dem Kind wird vorgemacht, wie es die Münze anfassen soll, wenn es spontan nicht den Pinzettengriff verwendet. Die Münzen sollen so liegen, dass das Kind beim Aufsammeln die Körpermittellinie kreuzen muss.

Dabei ist darauf zu achten, ob das Kind die Hand wechselt, insbesondere ob es vor jeder Körperhälfte mit einer anderen Hand arbeitet, ob das Kind den Pinzettengriff beherrscht bzw. ob das Kind diesen erst benutzt, nachdem es dazu aufgefordert wurde. Außerdem ist zu notieren, mit welcher Hand das Kind arbeitet.

Anweisung

Setze dich an den Tisch und lege die Geldstücke eins nach dem anderen mit einer Hand in die Dose. Fange an einer Seite an.
Gegebenenfalls dem Kind zeigen, wie es die Geldstücke aufnehmen soll.

Bewertung

a) Bilateralintegration:

100 %	Unauffällig, das Kind wechselt nicht die Hand.
50 %	Das Kind greift vor der Körpermitte beidhändig oder dreht den Körper so, dass die Kreuzung der Körpermittellinie vermieden wird.
0 %	Kind wechselt vor der Körpermitte die Hand, agiert vor jeder Körperhälfte mit der zu der Körperhälfte gehörigen Hand.

Präferenzdominanz Hand:

greift mit links, rechts, wechselnd

b) Pinzettengriff:

100 %	Kind beherrscht den Pinzettengriff.
50 % oder 25 %	Der Griff ist ansatzweise vorhanden (je nachdem wie stark der Ansatz ausgeprägt ist).
0 %	Kind beherrscht den Griff nicht.

Wenn das Kind diesen Griff erst nach Aufforderung benutzt, ist dies auf jeden Fall zu notieren.

Hintergrund und Bedeutung für das Lernen in der Schule

Bereits im Alter von 9–15 Monaten beherrscht ein normal entwickeltes Kind den Pinzettengriff, mit dem es flache Gegenstände zwischen Daumen und Zeigefinger aufliest. Die richtige Stifthaltung beim Malen und Schreiben setzt den Pinzettengriff voraus. Im anderen Fall würde der Stift mit der Faust umfasst oder zwischen den Fingern festgeklemmt. Weiter kann beobachtet werden, welche Hand das Kind spontan benutzt (= Geschicklichkeitshand). Wechselt das Kind die Hand, wenn es vor der Körpermitte ankommt (vermeidet, die Körpermittellinie zu kreuzen), dann spricht dies für eine nicht altersgerechte Entwicklung der Koordination beider Gehirn- und damit Körperhälften. Was sich auf einer Seite der Körpermittellinie befindet (Reizeingang), wird schwerpunktmäßig auf der gegenüberliegenden Gehirnhälfte verarbeitet. Für Geschehen direkt im Bereich der Körpermittellinie müssen die beiden Hemisphären extrem miteinander kooperieren, um sowohl eine Wahrnehmung als auch eine Handlung in diesem Bereich zu erreichen. Kinder mit Störungen im Bereich der Körpermittellinienkreuzung machen häufig Fehler in diesem Bereich (z. B. werden am Kreuzungspunkt Zeilen verlassen, Wörter können nicht gelesen werden oder beim Diktat werden Fehler gemacht, die offensichtlich in anderen Bereichen nicht auftauchen).

Hinweise für eine Förderung

Hat das Kind Probleme mit der Körpermittellinienkreuzung, d. h. wechselt es die Hand im Bereich der Körpermittellinie, so sind Übungen zur Förderung der Körpermittellinienkreuzung durchzuführen. Besonders hilfreich sind Bewegungsspiele mit Bewegungen der Körpermittellinienkreuzung und zur Stabilisierung der Lateration.
Beherrscht das Kind den Pinzettengriff nicht, so sind Übungen wie Perlen auffädeln, kleine Stifte in Spiele setzen, mit einer Pipette Wassertropfen umfüllen geeignet, um diese Griffhaltung zu fördern.

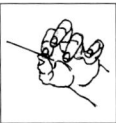

Station 2.3: Körperkoordination und Bilateralität

Ball fangen
Stufe: 2
Material: Gymnastikball
Übung: Dem Kind wird der Ball zugeworfen, der beidhändig aufgefangen werden soll.

Durchführung

Der Beobachter und das Kind stehen etwa 3 Meter auseinander. Der Beobachter wirft den Ball in einem lockeren Bogen – die richtige Wurftechnik sollte vorher geübt werden – dem Kind zu, das diesen mit beiden Händen vor dem Oberkörper auffangen soll, ohne den Ball in irgendeiner Form an den Körper zu ziehen. Beim Heranziehen an den Körper würde das Kind eine simultane (synchrone) Bewegung mit beiden Armen ausführen. Die ersten zwei Würfe soll das Kind mit einer symmetrischen Bewegung fangen. Beide Arme und Hände kommen von außen auf den Ball zu. Bei den letzten drei Würfen soll das Kind den Ball so fangen, dass es mit einer Hand von oben und der anderen Hand von unten zufasst. Dafür muss das Kind mit den Armen ein asymmetrisches Bewegungsmuster ausführen. Erlaubt sind drei Versuche, bevor die fünf Wertungswürfe erfolgen. Die Versuche dienen der Kalibrierung der Auge-Hand-Koordination. Das Kind darf beim Fangen nicht die Füße bewegen. Zu beobachten sind die Körperhaltung, d. h. muss das Kind sich vom Platz wegbewegen, hat es den Ball an den Körper gezogen sowie das allgemeine Verhalten (Ausdauer, Übungsbereitschaft, Übungseffekte). Diese sind unter „Beobachtungen und Bemerkungen" zu vermerken. Weiter ist zu beobachten, ob die Bewegungen koordiniert und flüssig erfolgen.

Anweisung

Stelle dich hierher. Ich werfe dir den Ball zu. Versuche, ihn mit beiden Händen zu fangen, ohne dass er deine Brust berührt. Kannst du den Ball auch fangen, wenn du von oben und unten zufasst?

Bewertung

Bilateralität:

100 %	Das Kind hat alle Bälle gefangen.
75 %	Das Kind hat viermal den Ball gefangen.
50 %	Das Kind hat den Ball gefangen, aber nicht mit dem vorgeschriebenen Bewegungsmuster.
0 %	Das Kind kann den Ball nicht fangen und ist auch deutlich davon entfernt, dass dies auch nur im Ansatz gelingen könnte, ohne den Ball an den Körper zu ziehen. Die Bewegungen sind offensichtlich nicht koordiniert.

Unter Beobachtungen und Bemerkungen sind Informationen zur Körperhaltung (Kind musste sich vom Platz bewegen; hat den Ball an den Körper gezogen) und zum allgemeinen Verhalten (Ausdauer, Übungsbereitschaft, Übungseffekte) zu vermerken.

Hintergrund und Bedeutung für das Lernen in der Schule

Die Station testet die Bilateralintegration. Das Kind muss, um den Ball fangen zu können, beide Hände über seine propriozeptive Wahrnehmung steuern und die Flugbahn mit den Augen verfolgen. Gleichzeitig ist für das beidhändige Fangen das koordinierte Zusammenspiel beider Körperhälften notwendig. Verfügt das Kind nicht über eine ausreichende Bilateralintegration, kann es keine Aufgaben bewältigen, bei der beide Körperhälften aktiv unterschiedliche Bewegungen ausführen müssen (von oben und unten zufassen sind unterschiedliche Bewegungen). Beim Schreiben bedeutet dies, dass das Kind nicht mit einer Hand schreiben oder malen und mit der anderen Hand das Blatt festhalten kann. Die nicht malende Hand kann meist nicht ruhig gehalten werden. Das Kind kann u. U. nicht mit beiden Händen einen Rhythmus nachklatschen. Dem Kind fällt es schwer, beidhändig mit einem Xylophon oder anderen Schlaginstrumenten zu spielen.

Hinweise für eine Förderung

Hilfreich sind Bewegungsspiele mit Bewegungen der Körpermittellinienkreuzung und zur Stabilisierung der Lateration. Falls das Kind beim Schreiben abwechselnd mit beiden Händen arbeitet, sollte herausgefunden werden, ob es schon eine dominante Hand gibt, in die man dem Kind dann alle Materialien (Stift, Schere, Klebstoff, Buch etc.) gibt.

Station 2.4: Körperkoordination

Hüpfen auf einem Bein
Stufe: 2
Material: –
Übung: Kind hüpft mehrfach auf einem Bein.

Durchführung

Das Kind soll mit jedem Fuß ca. 20 Hüpfer entlang einer Hüpfstrecke machen. Dafür kann man einen Punkt in etwa zehn bis zwölf Meter Entfernung markieren und das Kind auffordern, auf einem Fuß hin und auf dem anderen Fuß zurückzuhüpfen. Da manche Kinder in großen, schnellen Hüpfern hinken, sollen die Kinder aufgefordert werden, die Hüpfer möglichst hoch zu machen.

Während das Kind hüpft, ist darauf zu achten, wie die Muskelspannung ist, ob das Kind vor allem auf dem Vorderfuß hüpft, ob es federt, welche Schwierigkeiten es hat, das Gleichgewicht zu halten, ob das nicht hüpfende Bein versteift angepresst ist, ob sich das Kind mit dem anderen Bein gegebenenfalls abstützt und ob die Arme locker und unauffällig gehalten oder gegebenenfalls asymmetrisch an den Körper gepresst werden oder deutliche Balancierbewegungen erfolgen. Da das Schuhwerk den Bewegungsablauf wesentlich beeinflusst, sollte das Kind barfuß, in Gymnastikschuhen oder rutschfesten Socken (mit Noppen) hüpfen.

Es ist weiterhin darauf zu achten, ob es deutliche Leistungsunterschiede zwischen dem rechten und dem linken Bein gibt. Dafür kann man einmal zählen, wie viele Hüpfer ohne Absetzen oder Aufstützen überhaupt gemacht werden und ob sie vom Bewegungsablauf flüssiger, höher o. Ä. ausgeführt werden. Das so genannte bessere Bein ist einzutragen. Es ist auch zu notieren, mit welchem Bein das Kind anfängt. In der Regel ist es das Bein, bei dem es eine Leistungsdominanz hat.

Anweisung

Hüpfe bis zu dem Punkt dort hinten (in etwa zehn Meter Entfernung) auf einem Bein. Das andere Bein nimmst du hoch. Hüpfe möglichst hoch und nicht schnell oder weit. Wenn du bei diesem Punkt angekommen bist, hüpfe auf dem anderen Bein zurück.

Bewertung (in Anlehnung an Cárdenas 2002, S. 79 f.)

a) Muskelspannung:

100 %	Unauffällig, lockere Armhaltung.
50 %	a) Kind hüpft vor allem auf dem Vorderfuß, federt kaum, hält mit Mühe Gleichgewicht. b) Kind hüpft nicht federnd auf dem ganzen Fuß, deutliche Ausgleichsbewegungen der Arme.
0 %	a) Kind hüpft nur auf dem Vorderfuß, ungesteuert in großen, schnellen Hüpfern, das nicht hüpfende Bein ist versteift, gebeugt oder angepresst, Gefahr zu fallen, wenn das Kind sich nicht mit dem anderen Bein zeitweise abstützt, eventuell ausholende Balancierbewegungen der Arme. b) Kind hüpft langsam, laut und mit großer Anstrengung nicht federnd auf dem ganzen Fuß, deutliche Beugung in Hüften und Knien.

b) Grobmotorik:

100 %	ab 7 Jahre: 20 und mehr Hüpfer (mit jedem Bein), mit 6 Jahren: 14 bis 16 Hüpfer (mindestens mit einem Bein), mit 5 Jahren: 8 bis 10 Hüpfer (mindestens mit einem Bein) ohne Absetzen/Aufstützen.
50 %	ab 7 Jahre: mehr als 15 Hüpfer (mit jedem Bein), mit 6 Jahren: 10 bis 13 Hüpfer (mindestens mit einem Bein), mit 5 Jahren: 6 bis 8 Hüpfer (mindestens mit einem Bein).
25 %	ab 7 Jahre: bis zu 15 Hüpfer (mindestens mit einem Bein), mit 6 Jahren: 7 bis 10 Hüpfer (mindestens mit einem Bein), mit 5 Jahren: 4 bis 6 Hüpfer (mindestens mit einem Bein).

III. 2. Körperkoordination und Feinmotorik

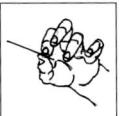

Asymmetrien

c) Arme:

100 %	Unauffällig, lockere Armhaltung.
50 %	Zweifelhaft, ein Arm wird höher oder näher am Körper gehalten.
0 %	Ein Arm wird deutlich angepresst, angewinkelt oder überstreckt.

links auffällig, rechts auffällig

d) Beine (ab 7 Jahre):

100 %	Bis zu 3 Hüpfer weniger bei einem Bein.
50 %	Bis zu 6 Hüpfer weniger bei einem Bein.
0 %	Mehr als 6 Hüpfer Unterschied.

Werden links oder rechts weniger Hüpfer geschafft? Kinder unter 7 Jahren bekommen generell 100 %.

e) Leistungsdominanz:

Anzahl der Hüpfer ohne Absetzen/Aufstützen eintragen und „besseres" Bein (links, rechts) ankreuzen (vgl.: CÁRDENAS 2002, S. 79 f.).

Hintergrund und Bedeutung für das Lernen in der Schule

Die grobmotorische Koordination des Kindes sollte weit genug entwickelt sein, dass es abhängig vom Alter in der Lage ist, eine bestimmte Anzahl von Hüpfern ohne abzusetzen durchzuführen. Wie das Kind hüpft (auf dem Vorderfuß, dem ganzen Fuß, ob es dabei federt, ob es das Gleichgewicht halten kann) ist auch eine Frage der Muskelspannung. Unter 6 Jahren kann im bevorzugten Bein/Arm der Muskeltonus etwas erhöht sein. Des Weiteren kann beobachtet werden, ob eine differierende Leistung der beiden Körperseiten (ein Bein hat mehr Kraft) und Asymmetrie in der Armhaltung (angewinkelter oder angepresster Arm) vorliegt. Die unterschiedliche Kraft in den Beinen sollte nach dem siebten Lebensjahr nicht mehr beobachtbar sein.

Hinweise für eine Förderung

Die Fördermöglichkeiten zu dieser Station sind unter Station 1.2 und 1.3 zu finden und dort nachzulesen.

Station 2.5: Feinmotorik: Graphomotorik und Auge-Hand-Koordination

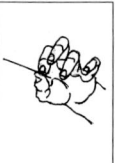

Linien nachzeichnen

Stufe: 2
Material: Vorlage 2, Stifte
Übung: Auf dem Arbeitsblatt werden Linien nachgezogen.

Durchführung

Das Kind bekommt die Arbeitsblätter und soll die Drachen mit der Spindel verbinden, das heißt, die Drachenschnur nachziehen. Für jeden Drachen soll das Kind einen andersfarbigen Stift nehmen. Das Blatt soll mit der nicht schreibenden Hand festgehalten werden. Gegebenenfalls ist das Kind aufzufordern, dass es das Blatt festhalten soll. Das Blatt darf während des Arbeitens nicht gedreht werden. Das Kind soll möglichst genau auf den Linien entlangmalen. Wenn vorhanden, lässt man diese Aufgabe an einem Stehpult durchführen, weil dann leichter die Augen zu beobachten sind. Der Beobachter achtet darauf, ob Augen und Hand sich synchron bewegen. Gleichzeitig achtet er darauf, ob die nicht schreibende Hand ruhig auf dem Blatt liegt und ob sie gegebenenfalls dort verkrampft. Weiterhin ist darauf zu achten, ob die Schreibhand eine lockere Stifthaltung mit Pinzettengriff durchführen kann oder ob die Zeigefinger durchgedrückt sind und gegebenenfalls blutleere Fingerkuppen, abbrechende Stifte etc. anzeigen, dass mit viel Druck gearbeitet wird. Ebenfalls sollte beobachtet werden, ob das Kind die Bewegung aus den Finger- bzw. Handgelenken durchführt oder ob die Bewegung aus dem Schultergelenk erfolgt. Das Kind wird aufgefordert, mit einem einzigen Strich auf der Drachenschnur entlangzufahren. Man muss dann darauf achten, ob das Kind den Stift absetzt, sich neu orientieren muss und von der Linie abkommt.

Anweisung

Versuche bitte einmal herauszufinden, zu welchem Drachen jede Spindel führt. Eine Spindel ist hier unten der Stock. Male dafür möglichst in einem Strich die Schnur nach, ohne den Stift abzusetzen. Nimm für jede Drachenschnur einen andersfarbigen Stift. Lege die andere Hand mit auf das Blatt, damit dir das Papier nicht wegrutscht. Wenn du möchtest, kannst du anschließend die Drachen und die Spindeln anmalen.

Bewertung (in Anlehnung an Cárdenas 2002, S. 60 f.)

a) **Auge-Hand-Koordination:**

100 %	Aufgabe richtig gelöst, Augen und Hand synchron.
50 %	Kind markiert kurzzeitig weiter die Linie, obwohl die Augen vorauseilen oder aufschauen, verbessert sich aber und löst die Aufgabe richtig.
0 %	Augen und Schreibhand nicht synchron, daher kein längeres Markieren der Linie möglich, keine oder falsche Lösung.

Präferenzdominanz (Hand):

links, rechts, wechselnd

b) **Graphomotorik:**

100 %	Lockere Stifthaltung, Pinzettengriff.
50 %	Zunehmend verkrampfte Schreibhand, durchgedrückter Zeigefinger, die Bewegung wird größtenteils aus dem Schultergelenk geführt.
0 %	Weiße, blutleere Fingerkuppen an der Schreibhand oder Hand um den Stift gefaustet. Die Bewegung wird aus dem Schultergelenk geführt.

c) **Bilateralintegration:**

100 %	Die nicht schreibende Hand liegt ruhig auf dem Blatt.
50 %	Die nicht schreibende Hand bewegt sich leicht auf dem Blatt, anstatt das Blatt zu fixieren.
0 %	Die nicht schreibende Hand kann auch nach Aufforderung nicht auf dem Blatt liegen bleiben oder wird dort verkrampft.

III. 2. Körperkoordination und Feinmotorik

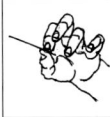

d) Visuelle Figur-Grund-Wahrnehmung:

100 %	Das Kind löst die Aufgabe zügig und richtig.
75 %	Das Kind malt immer wieder stockend, aber ohne den Stift abzusetzen, die Linien nach.
50 %	Das Kind setzt öfter den Stift ab und muss sich neu orientieren, kommt eventuell einmal von der Linie ab und hat daher die falsche Lösung.
25 %	Das Kind kommt öfter von den Linien ab. Es beendet die Aufgabe mit falschen Lösungen.
0 %	Das Kind ist deutlich verwirrt und gibt auf oder wechselt mehrfach die Linien.

Hintergrund und Bedeutung für das Lernen in der Schule

Zum Markieren der Linien muss das Kind eine gute Koordination von Augen und Hand haben. Die Augen müssen der Linie folgen können, die gerade gemalt wird. Des Weiteren lässt sich gut die Graphomotorik beobachten, die spätestens ab dem 5. Lebensjahr korrekt, also zwischen Daumen und Zeigefinger und unverkrampft sein sollte. Ein durchgedrückter Zeigefinger zeigt eine Fehlhaltung oder auch eine Verkrampfung an, ebenso wie weiße Fingerkuppen. Häufig erfolgt die Schreibbewegung aus dem Schultergelenk und nicht aus dem Handgelenk oder den Fingern, was auf keine gute feinmotorische Koordination hinweist. Kann die nicht schreibende Hand nicht ruhig gehalten werden, während die andere schreibt (z. B. wird oft vom Blatt genommen), kann dies auf eine Störung der Bilateralintegration hinweisen. Es kann die bevorzugte Schreibhand beobachtet werden. Außerdem benötigt das Kind auch Fähigkeiten der visuellen Figur-Grund-Wahrnehmung zur Bewältigung der Aufgabe.

Die Bedeutung für den Schreibprozess an sich ist ganz offensichtlich. Aber auch für die Mengenerfassung in der Mathematik ist eine Auge-Hand-Koordination wichtig. Mengen „begreift" das Kind durch handeln, es muss die Gegenstände manipuliert, umgeordnet, berührt etc. haben. Darüber hinaus erwirbt sich das Kind ein geistiges Bild. Sehen und das Erstellen geistiger Bilder ist ein gelernter Prozess, der durch Anfassen, Handeln, Begreifen aufgebaut wird. Um die Drachenschnüre verfolgen zu können, müssen die Augenbewegungen geschmeidig und nicht ruckartig sein. Die Bedeutung der Qualität der Augenbewegungen für das Lernen in der Schule kann unter Station 1.5 nachgelesen werden.

Hinweise für eine Förderung

Die Fördermöglichkeiten zu dieser Station sind unter Station 1.5 und 3.1 zu finden und dort nachzulesen.

▶ **Vorlage 2 (Station 2.5)**

Vorlage 2 (Station 2.5)

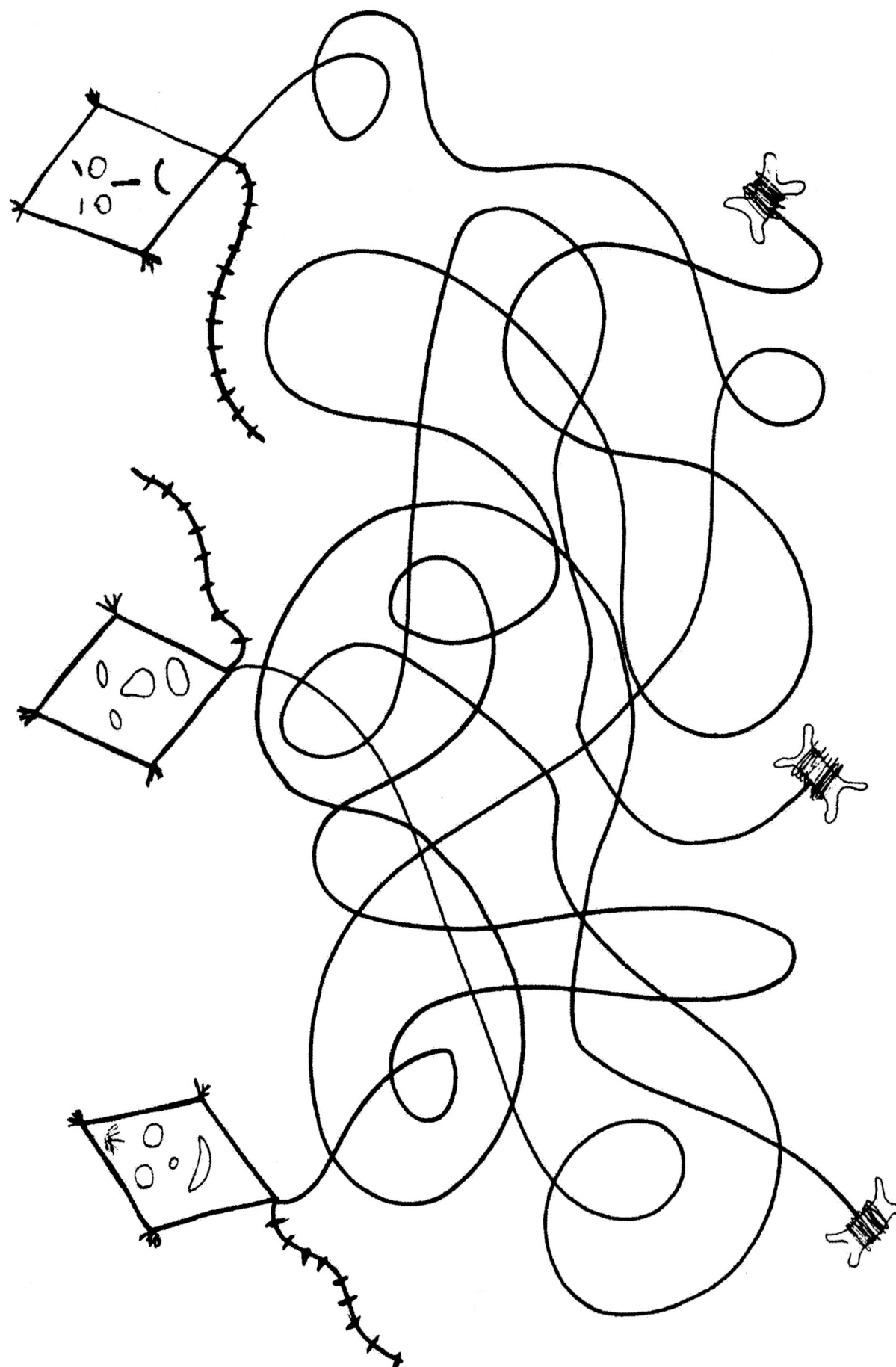

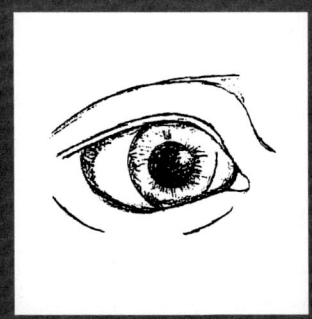

III. Beobachtungsstationen

3. Visuelle Wahrnehmung

(3. Stufe)

Station 3.1: Figur-Grund-Wahrnehmung
➧ Vorlagen 3 bis 5

Station 3.2: Raum-Lage-Wahrnehmung
➧ Vorlagen 6 bis 10

Station 3.3: Raum-Lage-Wahrnehmung des eigenen Körpers im Raum
➧ Vorlage 11

Station 3.4: Optische Gliederung
➧ Vorlagen 12 bis 14

Station 3.5: Optische Differenzierung
➧ Vorlagen 15 bis 18

Station 3.1: Figur-Grund-Wahrnehmung

Umrisse erkennen
Stufe: 3
Material: Vorlagen 3 bis 5
Übung: Das Kind benennt die Gegenstände und Figuren.

Durchführung

Dem Kind wird eine Vorlage vorgelegt und aufgefordert, die Gegenstände und Figuren, die es erkennt, zu benennen. Die Figuren sollten zügig benannt werden. Dies ist wichtiger, als dass wirklich alle benannt werden. Wenn ein Kind Schwierigkeiten hat, kann eine zweite Vorlage vorgelegt werden.
Wenn ein Kind nicht weiß, wie ein Gegenstand heißt, reicht es auch, wenn es beschreibt, woher es ihn kennt oder wofür es ihn verwendet. Falls Deutsch nicht die Muttersprache ist, kann der Gegenstand in einer anderen Sprache beschrieben werden, sofern eine Übersetzung irgendwie gewährleistet wird. Es ist darauf zu achten, ob das Kind über einen ausreichenden Wortschatz und Sprachfähigkeit verfügt. Sprachprobleme sind zu notieren.
Protokolliert der Beobachter wortwörtlich mit, was das Kind sagt, lässt sich anschließend leichter rekonstruieren, ob das Kind alle Figuren gefunden hat oder die korrekte Gesamtzahl der Figuren nur durch Wiederholungen erreicht wurde. Wichtig ist die Reihenfolge und wie es die Gegenstände oder Figuren benennt, beziehungsweise sie umschreibt. Benennt das Kind Gegenstände, die auf dem Bild nicht nachzuvollziehen bzw. zu erkennen sind, sollte der Beobachter sie sich zeigen lassen. Ebenfalls sollte markiert werden, wenn ein Kind sehr zögerlich Figuren oder Gegenstände benennt, ob und gegebenenfalls an welcher Stelle größere Pausen gemacht werden. Längere Pausen sind Pausen mit mehr als vier Sekunden Dauer.

Anzahl der Figuren auf Vorlage 3: 12
Anzahl der Figuren auf Vorlage 4: 12
Anzahl der Figuren auf Vorlage 5: 12

Die Vorlagen 3 und 4 sind Spiegelbilder. Dies ist bewusst gewählt, da Kinder, bevor sie Lesen und Schreiben können, Bilder und Texte nicht unbedingt von links nach rechts sich ansehen. Von daher kann es im Erkennen der Bilder Unterschiede geben, ob sie nun nach links oder nach rechts ausgerichtet sind.

Anweisung

Sage mir, was du alles auf diesem Blatt siehst. Wenn du nicht weißt, wie es heißt, kannst du mir auch sagen, was man damit macht oder wo du es schon mal gesehen hast.

Bewertung

Figur-Grund-Wahrnehmung:

100 %	Das Kind benennt zügig alle Gegenstände und Figuren auf dem Blatt (2 Figuren dürfen pro Blatt übersehen werden).
50 %	▷ Das Kind macht längere Pausen (4 Sekunden) zwischen dem Benennen weiterer Figuren (außer diese sind durch das Suchen der Vokabeln bedingt). ▷ Es übersieht bis zu vier Figuren, aber benennt die anderen zügig. ▷ Es fängt sichtbar an zu raten und erkennt Figuren, die nicht einmal abgeleitet werden können oder ▷ gibt Teilelementen einer Figur eigene Namen.
0 %	Das Kind kann nur wenige oder gar keine Figuren auf dem Blatt erkennen.

Hintergrund und Bedeutung für das Lernen in der Schule

Mit dieser Aufgabe wird die visuelle Figur-Grund-Wahrnehmung geprüft. Mit Hilfe dieses Wahrnehmungsprozesses wird der gesamte Reiz in sinnvolle Strukturen untergliedert. Die Informationen werden durch die temporäre Aufmerksamkeit in relevante und irrelevante unterteilt. Kinder, die Störungen im Bereich der Figur-Grund-Wahrnehmung haben, zeigen häufig Schwierigkeiten, wenn sie von einer nicht völlig sauber geputzten Tafel ablesen sollen oder von schmutzigem oder grobem Papier ablesen müssen, weil sie dann nicht klar erkennen können, was der Untergrund ist und was zur Figur gehört. Neben der Gliederungsfähigkeit und der Raum-Lage-Wahrnehmung ist diese Fähigkeit eine Grundvoraussetzung, um etwas zu finden (z. B. ein Buch im Ranzen, einen Stift oder eine Zahl oder ein Wort auf einer Seite). Sie ist weiter Voraussetzung, um Worte (Wortbilder) oder mehrstellige Zahlen als Ganzes auf einem Blatt oder der Tafel herausdifferenzieren zu können. Im mathematischen Bereich

III. 3. Visuelle Wahrnehmung

ist die Figur-Grund-Wahrnehmung für den räumlichen Begriff „zwischen" als eine Sonderform des Umschlossenseins zentral. Mengen können schlecht erfasst werden, wenn die Gruppierungen ihrer Elemente nicht als Einheit erkannt werden. Dadurch wird das Speichern und Umgehen mit Mengenbildern und Zahlen erschwert. Die Figur-Grund-Wahrnehmung ist leichter bei bewegten Figuren.

Hinweise für eine Förderung

Tafel und Arbeitsblätter müssen gute Kontraste haben und ohne Schlieren und Schattierungen sein. Es hilft dem Kind, sich zu orientieren, wenn es einen aufgeräumten Arbeitsplatz hat. Kim-Spiele und Fotografierspiele fördern die Figur-Grund-Wahrnehmung.

▶ **Vorlage 3 (Station 3.1)**

▶ **Vorlage 4 (Station 3.1)**

▶ **Vorlage 5 (Station 3.1)**

Vorlage 3 (Station 3.1)

III. 3. Visuelle Wahrnehmung

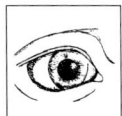 III. 3. Visuelle Wahrnehmung 49

Vorlage 4 (Station 3.1)

Vorlage 5 (Station 3.1)

III. 3. Visuelle Wahrnehmung

III. 3. Visuelle Wahrnehmung

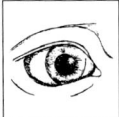

Station 3.2: Raum-Lage-Wahrnehmung

Raum-Lage-Orientierung auf dem Papier
Stufe: 3
Material: Vorlagen 6 bis 10 (Punkte, Bilder), Stifte, ggf. Stoppuhr
Übung: Das Kind bearbeitet die Vorlagen.

Durchführung

Vorlagen 6, 7, 8 und 9 (Punkte):

Das Arbeitsblatt wird so vor das Kind gelegt, dass die Mittellinie des Blanko-Punktrasters exakt vor der Körpermittellinie des Kindes liegt. Das Kind wird aufgefordert, das Blatt so liegen zu lassen, wie es hingelegt wird. Das Kind überträgt die Figur von der linken Blattseite lagerichtig auf das Punktraster auf der rechten Blattseite. Für Linkshänder sollten die Vorlagen 7 und 9 mit den Figuren auf der rechten Seite genommen werden. Die Anweisungen gelten dann seitenverkehrt. Die Reihenfolge der Strichführung ist ohne Bedeutung. Das Kind darf radieren und sich korrigieren. Für die Bewertung ist entscheidend, dass die Punkte eindeutig verbunden sind und nicht, ob die Linien gerade gezeichnet sind.
Jedes Arbeitsblatt sollte in zwei Minuten bewältigt sein. Braucht das Kind mehr als zwei Minuten, lässt man es weiterarbeiten, notiert aber die Zeit, die es dann dafür braucht. Dem Kind kann gesagt werden, dass es radieren darf und dass es gleichgültig ist, wo es anfängt.
Der Beobachter achtet darauf, ob das Kind das Blatt verschiebt, dreht oder seine Körperlage verändert, so dass es nicht mehr in der Mitte vor dem Blanko-Punktraster sitzt und demzufolge die Körperlinie nicht kreuzen muss. Gegebenenfalls kann man auch das Kind darauf hinweisen, es solle nicht wie in einem Spiegel gemalt werden, sondern genau dasselbe Bild auf der anderen Seite erscheinen. Gleichzeitig beobachtet man, ob

a) das Kind mit der freien Hand das Blatt in Position halten kann;
b) die Stifthaltung geschickt ist;
c) es zu Verkrampfungen im Hand-Arm-Bereich kommt;
d) die Stifthaltung locker oder verkrampft ist;
e) die Schreibbewegung aus den Fingern bzw. dem Handgelenk oder dem Schultergelenk erfolgt;
f) sich bei der Linienführung Verkrampfungen im Gesichtsbereich (eventuell Mitbewegungen der Zunge) zeigen.

Vorlage 10 (Bilder):

Das Kind soll die beiden gleichen Dinge in einer Reihe suchen und mit einem Andreaskreuz durchstreichen.
Dabei können Probleme mit der Rechts-Links-, gegebenenfalls auch Oben-Unten-Wahrnehmung deutlich werden.

Anweisung

Vorlagen 6, 7, 8 und 9 (Punkte):

Bitte übertrage die Linien von der linken Seite in das Punktmuster auf der rechten Seite, dass beide Seiten gleich aussehen. Lasse das Blatt so liegen, wie ich es dir hingelegt habe. Wenn du etwas verbessern möchtest, kannst du radieren.

Vorlage 10 (Bilder):

Welche Bilder in der Reihe sehen gleich aus? Kreuze sie so durch (Andreaskreuz vormachen). *Mache die anderen Reihen genauso.*

Bewertung

a) Punkte und c) Bilder pro Vorlage:

100 %	Die Aufgaben sind richtig gelöst.
75 %	ein Fehler
50 %	zwei Fehler
0 %	mehr als zwei Fehler

Bei den Vorlagen 6 bis 9 sollte das Arbeitsblatt mit der größeren Fehlerzahl zur Bewertung herangezogen werden.

b) Kreuzung der Körpermittellinie:

100 %	Das Kind malt, ohne dass das Blatt verschoben wird.
50 %	Das Kind dreht das Blatt, um Waagerechte und/oder Diagonalen zeitweise zu vermeiden.
0 %	Das Kind schiebt das Blatt oder rückt sich so zurecht, dass es die Körpermittellinie nicht kreuzen muss.

Die benötigte Zeit ist zu notieren.

Hintergrund und Bedeutung für das Lernen in der Schule

Mit dieser Aufgabe werden die Raum-Lage-Wahrnehmung auf dem Papier (im Gegensatz zur Wahrnehmung der eigenen Person im Raum) sowie die Fähigkeit zur Kreuzung der Mittellinie geprüft. Zur Raum-Lage-Wahrnehmung gehören die Rechts-Links-Wahrnehmung und die Oben-Unten-Wahrnehmung. Buchstaben wie d, b und p, q sowie 3 und E in Schreibschrift unterscheiden sich nur durch eine Rechts-Links-Ausrichtung, d, q und b, p und u, n haben lediglich eine andere Oben-Unten-Ausrichtung. Bis Kinder zur Schule kommen, hat eine solche Unterscheidung nur eine marginale Bedeutung. Ob bei einer Tasse der Henkel auf der rechten oder der linken Seite ist, ändert nichts daran, dass es sich um eine Tasse handelt. Beim Erlernen von abstrakten Symbolen, wie Buchstaben und Zahlen, gewinnt diese Unterscheidung plötzlich eine eminente Bedeutung. Für Kinder mit einer gestörten oder noch nicht ausgeprägten Raum-Lage-Wahrnehmung ist der Lernprozess von Lesen und Schreiben sehr viel schwerer, da sie immer zwischen mehreren Möglichkeiten wählen müssen. Gleichzeitig haben sie es häufig schwer, sich in Zeilen oder Spalten zurechtzufinden. Das Kind kann die Buchstaben nicht richtig zwischen die vorgedruckten Linien schreiben. Arbeitsanweisungen, die Angaben enthalten, wo z. B. auf dem Blatt zu beginnen ist, sind für das Kind nur eingeschränkt verständlich.

Schiebt das Kind das Blatt so, dass es weder mit den Augen noch mit der Hand die Körpermittellinie kreuzen muss, was bei Horizontalen oder Diagonalen häufig notwendig ist, dann spricht dies für eine nicht altersgerechte Entwicklung der Koordination beider Gehirn- und damit Körperhälften. Die Bedeutung der Körpermittellinienkreuzung für das Lernen in der Schule kann unter den Stationen 2.2 und 2.3 nachgelesen werden.

Hinweise für eine Förderung

Kinder können mit Arbeitsblättern und anderen Materialien, bei denen es um eine Raum-Lage-Orientierung im Raum geht, gefördert werden. Sofern nicht ein völliger Ausfall einer Rechts-Links-Orientierung oder ein Ausfall basaler Wahrnehmungen aus Stufe 1 und 2 hinzukommen, ist eine ausreichende Förderung in der Schule möglich. Es sollte jedoch zunächst nicht mit Buchstaben oder Zahlen eine Rechts-Links-Ausprägung geübt werden, sondern mit Bildern, die nichts mit schulischem Lernstoff zu tun haben.

Alle Bewegungen und Bewegungsspiele, bei denen die Körpermittellinie gekreuzt wird, fördern die Verbindung zwischen den beiden Gehirnhälften. Hat ein Kind deutliche Probleme im Bereich der Körpermittellinienkreuzung, sollten bei gewerteten Arbeiten die Arbeitsmaterialien vor einer Körperhälfte liegen.

▶ **Vorlage 6 – Punkte (Station 3.2)**

▶ **Vorlage 7 – Punkte; Version für Linkshänder (Station 3.2)**

▶ **Vorlage 8 – Punkte oben (Station 3.2)**

▶ **Vorlage 9 – Punkte unten; Version für Linkshänder (Station 3.2)**

▶ **Vorlage 10 – Bilder (Station 3.2)**

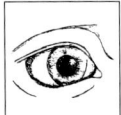

Vorlage 6 (Station 3.2) Vorlage für Rechtshänder

1

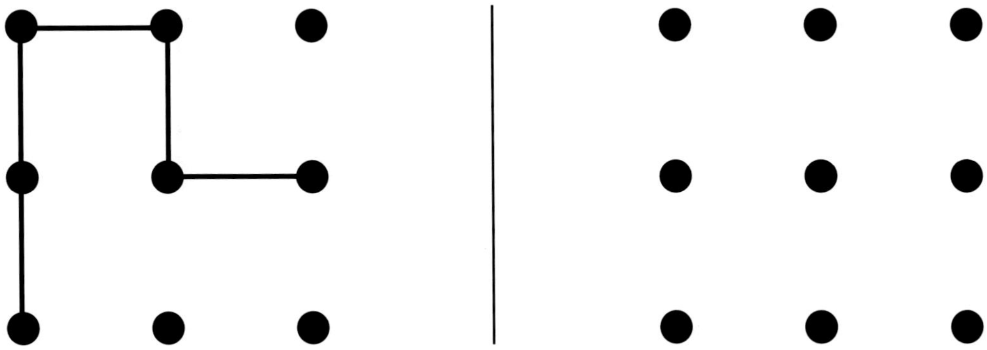

2

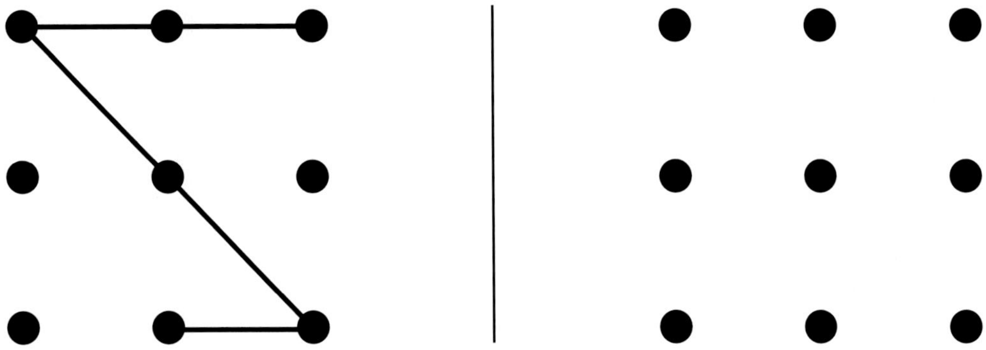

3

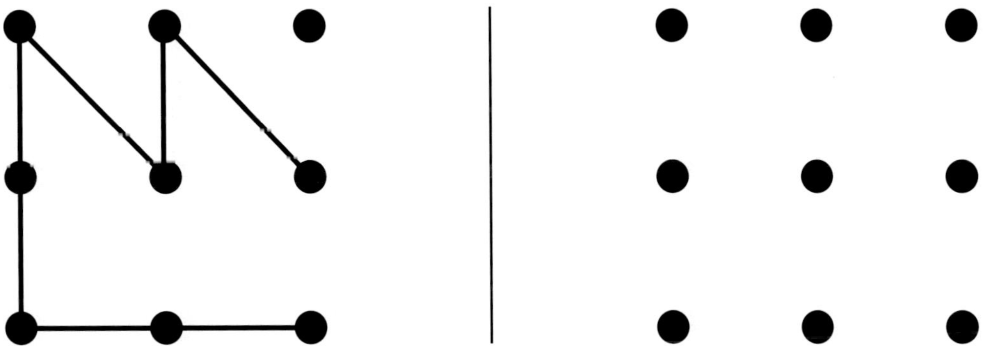

Vorlage 7 (Station 3.2) Vorlage für Linkshänder

1

2

3

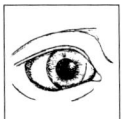

III. 3. Visuelle Wahrnehmung

Vorlage 8 (Station 3.2) Vorlage für Rechtshänder

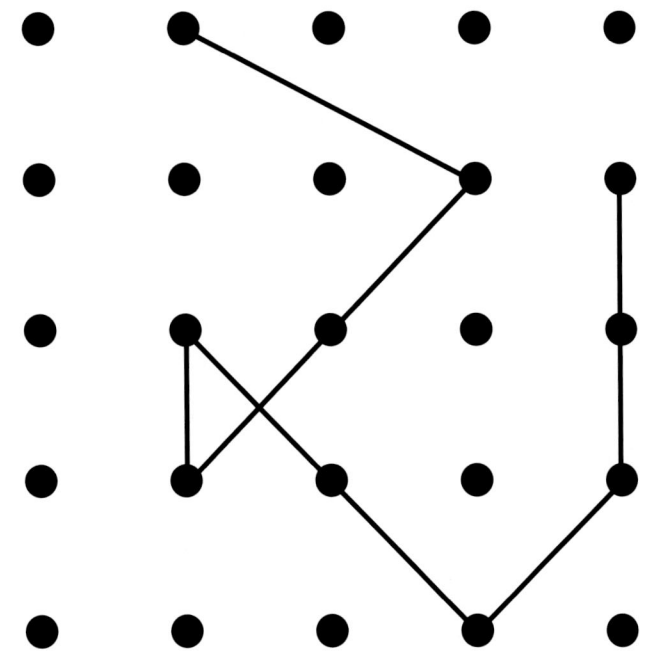

unten ——————————————————————————— oben

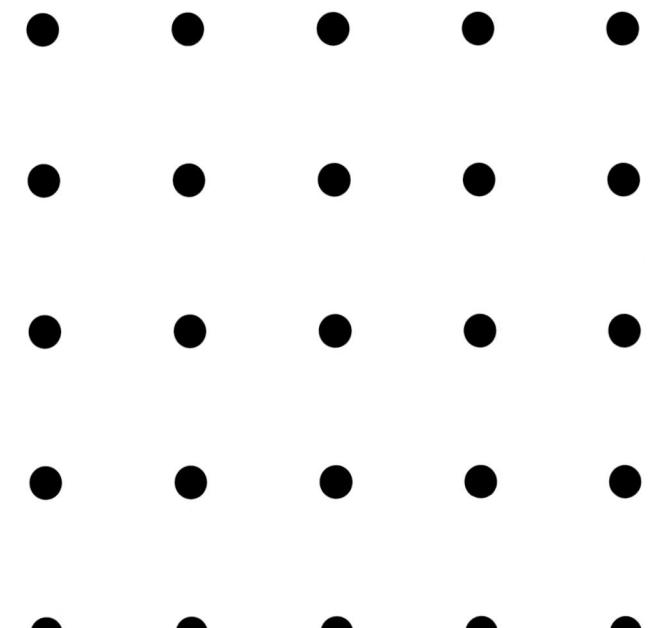

Vorlage 9 (Station 3.2) Vorlage für Linkshänder

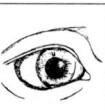

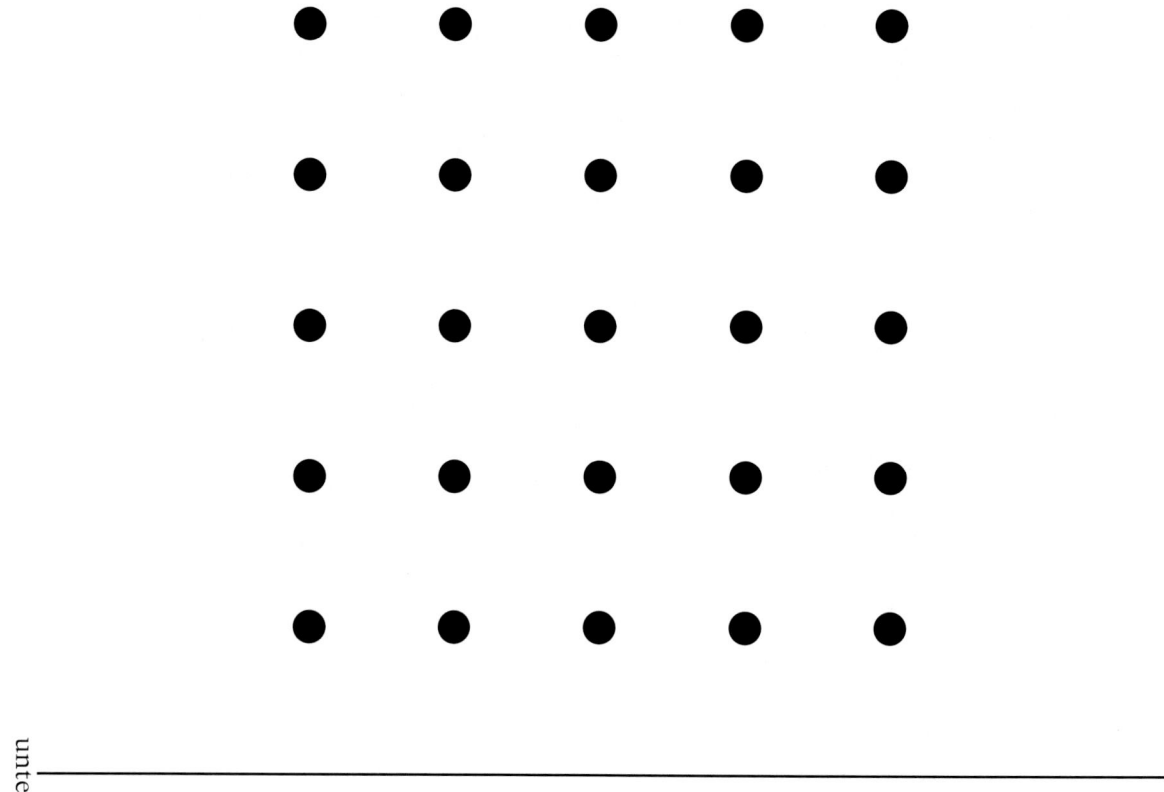

unten ───────────────────────────── oben

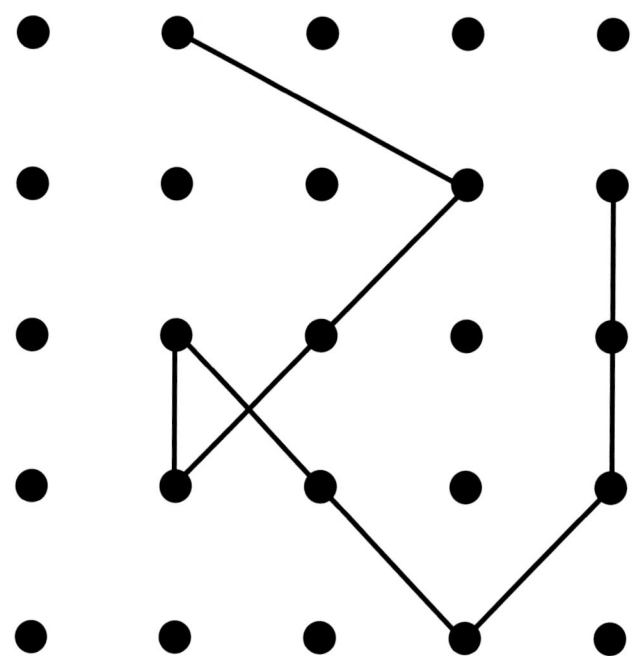

Vorlage 10 (Station 3.2)

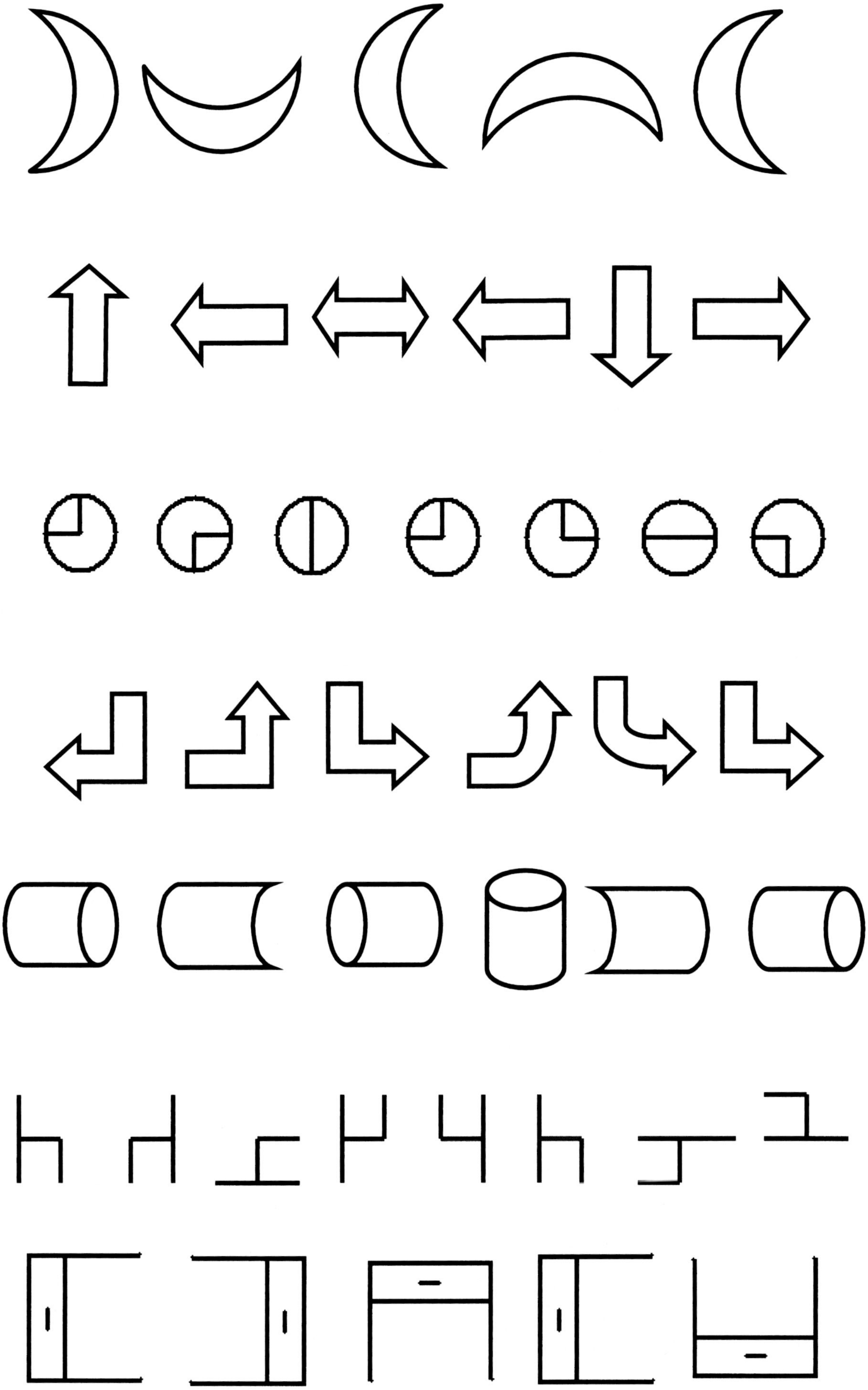

Station 3.3: Raum-Lage-Wahrnehmung des eigenen Körpers im Raum

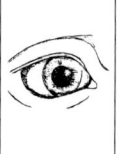

Tisch und Ball in Beziehung setzen
Stufe: 3
Material: Vorlage 11 und Stuhl (Tisch)
Übung: Das Kind soll seinen Körper zu einem Gegenstand in Beziehung bringen.

Durchführung

Diese Station enthält drei unterschiedliche Schwierigkeitsgrade desselben Aufgabentyps. Man beginnt zunächst mit dem schwierigsten. Wenn dies nicht gelingt, werden stufenweise zusätzliche Hilfen bzw. Vereinfachungen angeboten.
Das Kind bekommt ein Arbeitsblatt vorgelegt, auf dem ein Ball zu einem Tisch in einem bestimmten Verhältnis abgebildet ist. Das Kind soll sich so zum Stuhl (Tisch) stellen, wie der Ball zum Tisch liegt. Dies soll das Kind nach den Zeichnungen machen.
Es ist möglich, das Kind zunächst verbal auf dem Arbeitsblatt beschreiben zu lassen, in welchem Verhältnis der Ball zum Tisch liegt, wobei man dann zunächst das gesamte Arbeitsblatt durchgeht und anschließend dem Kind sagt: „*Und nun stelle dich entsprechend zum Stuhl (Tisch).*", d. h. das Kind sollte dann ohne sprachliche Hilfestellungen (Verwenden von lokalen Adverbien) durch den Beobachter die einzelnen Bilder nachstellen. Jüngere Kinder sollte man sich in Beziehung zu einem Tisch stellen lassen.
Gelingt die Umsetzung nicht, können auch ein Tisch (aus der Puppenstube) und eine Murmel real entsprechend der Zeichnung vom Beobachter hingestellt werden und das Kind kann sich entsprechend der Skulptur stellen.
Gegebenenfalls kann man anstelle von Murmel und Puppentisch die Skulptur auch mit einem Puppenstuhl und einer Puppe stellen.
Dem Kind darf nicht sprachlich gesagt werden, wo sich der Ball im Verhältnis zum Tisch befindet, es darf aber um Vergleiche zu anderen Bildern gebeten werden. Wenn es mehrmals dasselbe sagt, ist eine Frage erlaubt, ob die beiden Bilder gleich sind oder eine Erinnerung, dass es beispielsweise schon bei dem Bild gesagt hätte, dass der Ball dahinter liege. Bei der Bewertung geht es nur darum, ob ein Kind die Raum-Lage-Beziehung mit seinem Körper umsetzen kann.
Beobachter und Kind müssen sich einigen, was bei dem Stuhl vorne und hinten ist. In der Regel betrachten die Kinder die Vorderkante des Stuhls als vorne.

Gelingt dem Kind die Durchführung mit obigen Hilfen nicht, dann bekommt es eine neue Aufgabe, bei der es mündliche Anweisungen erhält. Das Kind bekommt Aufforderungen wie:

– *Lege das Buch neben dich.*
– *Stelle dich hinter den Tisch.*
– *Steige auf den Stuhl.*
– *Setze dich in die Mitte des Kreises.*
– *Fasse dein linkes Ohr an.*
– *Fasse mit der rechten Hand an dein linkes Knie.*
– *Zeige mir das rechte Fenster.*

Anweisung

Auf diesem Bild siehst du einen Tisch und einen Ball. Wie liegt der Ball zum Tisch (über, unter, rechts, links, neben dem Tisch)? Diese Begriffe sollten vermieden werden und nur einmal aufgezählt werden, wenn das Kind keine Vorstellung hat, was von ihm erwartet wird.
Stelle dir vor, du bist der Ball und der Tisch ist dieser Stuhl. Stelle dich einmal so zum Stuhl (Tisch), wie der Ball zum Tisch liegt.

Bewertung

Raum-Lage-Wahrnehmung des eigenen Körpers im Raum:

100 %	Das Kind führt alle Aufgaben richtig aus.
75 %	Das Kind benötigt einmal ein Vorführen oder kann die Aufgabe nur bewältigen, wenn der Tisch und der Ball konkret gestellt werden.
50 %	Das Kind macht einen Fehler.
0 %	Das Kind kommt mit der Aufgabe nicht zurecht. Es rät und probiert nach „Versuch und Irrtum" aus.

mit Aufforderungen:

100 %	Das Kind führt alle Aufforderungen richtig aus.
50 %	Das Kind macht einen Fehler.
0 %	Das Kind macht mehr als einen Fehler.

Es ist zu notieren, welche Version dem Kind gegeben worden ist bzw. welche Hilfen das Kind erhalten hat.
Wird dem Kind die mündliche Anweisung gegeben, sind dem Kind für diese Aufgabe 0 % zu geben. Seine Leistungen bei dieser Version sind aber entsprechend zu notieren.
Das Kind muss für eine Wertung die Aufgabe ausführen. Eine sprachlich korrekte Beschreibung der Beziehung der Gegenstände zueinander ist für die Bewertung irrelevant.

Hintergrund und Bedeutung für das Lernen in der Schule

Diese Aufgaben überprüfen, ob das Kind ein Gefühl für eine Raum-Lage-Wahrnehmung unter Einbeziehung der eigenen Orientierung im Raum (Lage des eigenen Körpers im Raum) hat. Dafür muss das Kind ein Konzept (in seinem Ursprung aufgrund sensorischer Daten) für Raumbegriffe und -vorstellungen im Gehirn entwickelt haben. Das Kind erfährt den Raum zunächst im Hinblick auf seine eigene Person. Die drei Dimensionen entwickeln sich aus der Bewusstwerdung der körperlichen Unterschiede in den Raumkoordinaten: Oben ist der Kopf, unten die Füße, vorne kann ich hinschauen, hinten nicht. Schwieriger ist die Rechts-Links-Achse durch den Körper. Zunächst entwickelt sich die Lateralität (inneres Bewusstsein von zwei Körperhälften). Die Lateralität hilft eine Horizontale (rechts, links) auszubilden. Wenn das Kind eine stabile Raumerfahrung besitzt, können auch Objekte im dreidimensionalen Raum stabilisiert wahrgenommen und in Beziehung zueinander gesetzt werden. Die Schwerkraft und ihre Wahrnehmung helfen bei der Ausbildung einer Vertikalen (oben, unten). Hinweise durch Reize für die Tiefe helfen, die Vorne-Hinten-Dimension zu begreifen.

Fehlen dem Kind Möglichkeiten, sich selbst im Raum wahrzunehmen und zu orientieren, bewegt es sich sehr unsicher im freien Raum, vermeidet Strecken, bei denen sich der Raum (scheinbar) bewegt (Kinder, die durcheinander quirlen). Das Kind verläuft sich leicht auf fremden Plätzen, verliert seine Orientierung im Gebäude. Kinder können sich u. U. gar nicht erst auf Lerninhalte konzentrieren, die auch durch diese Wahrnehmungsschwäche Schwierigkeiten machen, sondern müssen sich darauf konzentrieren, sich nicht im Raum zu verlieren. Die Mathematik beruht in ihren Grundlagen in wesentlichen Teilen auf Raum-Lage-Beziehungen. Zahlen haben eine bestimmte Reihenfolge. Reihenfolgen sind räumliche Anordnungen. In den Worten Vorgänger und Nachfolger von Zahlen werden die räumlichen Beziehungen sprachlich deutlich. Ein Zahlenstrahl setzt ein Richtungsverständnis voraus. Außerdem schreiben und lesen wir von links nach rechts, d. h. wir haben eine eindeutige raumabhängige Interpretation von Zeichenfolgen.

Hinweise für eine Förderung

Bewegungsspiele, die in Gruppen gemacht werden, erfordern immer eine Orientierung des eigenen Körpers im Raum. Besonders hilfreich sind Bewegungsspiele mit Bewegungen der Körpermittellinienkreuzung und zur Stabilisierung der Lateration. Ist die Lateralitätsausbildung (Station 2.3) noch nicht abgeschlossen, können sich die Probleme legen, sobald diese sich entwickelt hat.
Als außerschulische Förderung kann Psychomotorik sinnvoll sein, insbesondere, wenn andere Auffälligkeiten (Station 1.1, 1.2, 1.3, 3.2) hinzukommen.

▶ **Vorlage 11 (Station 3.3)**

Vorlage 11 (Station 3.3)

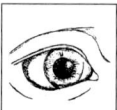

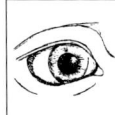

Station 3.4: Optische Gliederung

Versteckte Figuren
Stufe: 3
Material: Vorlagen 12 bis 14
Übung: Kind soll eine bestimmte Form innerhalb einer Figur wiedererkennen.

Durchführung

Dem Kind werden Arbeitsblätter vorgelegt, auf dem es eine gezeichnete Figur in einer größeren wiederfinden soll. Das Kind soll mit einem Stab (Stift) die kleine Figur in der großen zeigen. Es sollte immer nur eine Aufgabe für das Kind sichtbar sein. Die Aufgabennummer der Fehl-Lösungen sollen notiert werden. Hat ein Kind Probleme mit der Körpermittellinienkreuzung, sollte das Aufgabenblatt auf einer Seite der Körpermittellinie liegen. Es gibt keine Zeitvorgabe.

Anweisung

Du siehst dort oben eine kleine Zeichnung. Darauf zeigen.
Schaue, ob diese kleine Zeichnung in der großen Figur versteckt ist. Auf die große Zeichnung zeigen. *Finde heraus, wo sich die kleine Figur in der großen Figur versteckt hat, wenn sie sich versteckt hat? Falls du sie findest, zeige darauf. Ein Tipp: Wenn die kleine Zeichnung in der großen versteckt ist, dann ist sie genauso schief oder schräg und genauso groß wie bei der kleinen Zeichnung.*

Bewertung

Optische Gliederung:

100 %	Alle Figuren wurden erkannt.
75 %	Acht oder neun Figuren wurden erkannt.
50 %	Sieben Figuren wurden erkannt.
25 %	Fünf oder sechs Figuren wurden erkannt.
0 %	Weniger als fünf Figuren wurden erkannt.

Hintergrund und Bedeutung für das Lernen in der Schule

Eine Grundfähigkeit für Lern- und Denkprozesse ist die Fähigkeit, Dinge, die einander ähnlich sind, zu erkennen, ein komplexes Ganzes in Einzelteile zu zergliedern und eine bestimmte Form innerhalb eines komplexen Ganzen zu erkennen. Ist diese Fähigkeit nicht ausreichend entwickelt, können Wahrnehmungen nicht verwendet und weiterverarbeitet werden. Beim Schreiben und Lesen müssen Wörter in einzelne Buchstaben zerlegt werden. Bestimmte Buchstabenkombinationen wie z. B. -der, -gel, -ber, -ung, -heit, -keit, ver-, be-, sch kommen immer wieder vor. Erkennt man sie als Element wieder, erhöht dies die Lesegeschwindigkeit. Bei der Schreibschrift muss zusätzlich erkannt werden, wo ein Buchstabe anfängt und wo er endet. Die vereinfachte Ausgangsschrift erleichtert diesen Vorgang etwas, da jeder Buchstabe auf der mittleren Linie beginnt. Beim Rechnen müssen Zahlen und Rechenoperationszeichen als solche in der Menge der Zeichen erkannt werden. Diese Aufgabe prüft die optische Gliederungsfähigkeit, d. h. ob eine Figur in Teile gegliedert werden kann und diese Teile erkannt werden.

Hinweise für eine Förderung

Kim-Spiele fördern die optische Gliederungsfähigkeit. Beim Lesen und Schreiben kann durch Silbenbögen die optische Gliederungsfähigkeit unterstützt werden.

➤ **Vorlage 12 (Station 3.4)**

➤ **Vorlage 13 (Station 3.4)**

➤ **Vorlage 14 (Station 3.4)**

Vorlage 12 (Station 3.4)

1

2
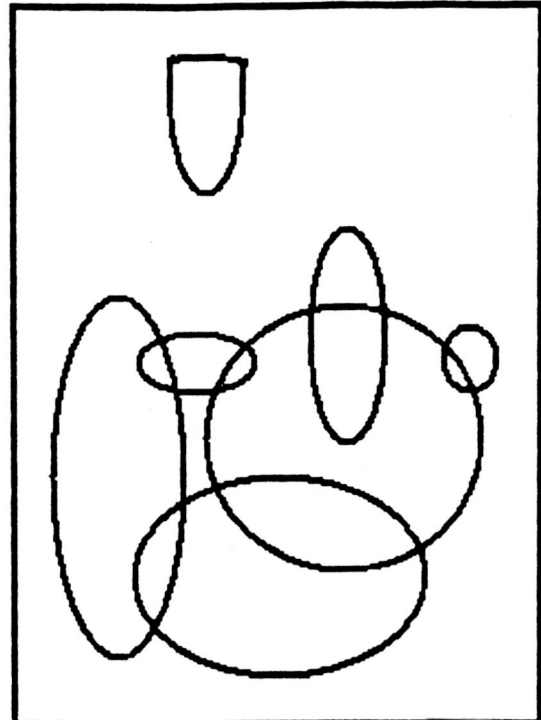

3
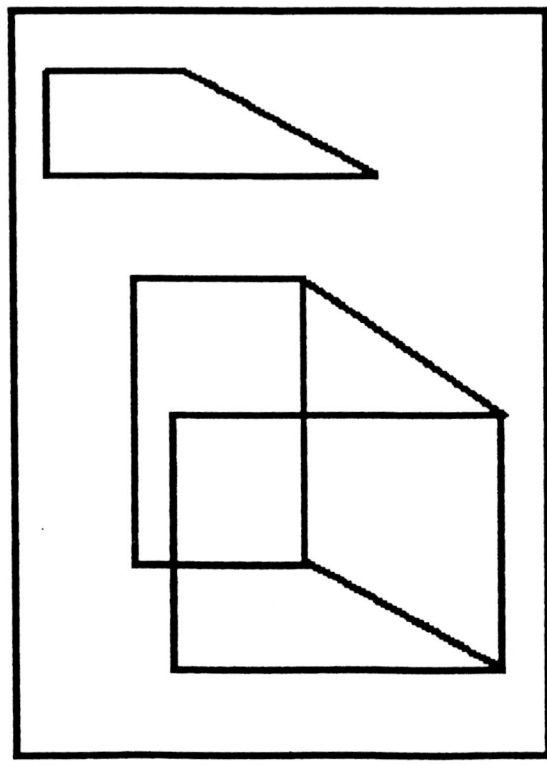

4
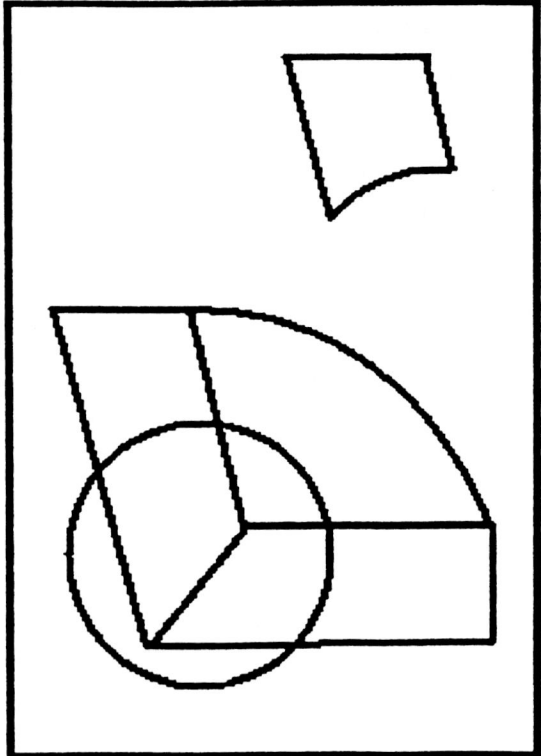

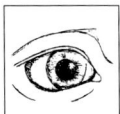

Vorlage 13 (Station 3.4)

5
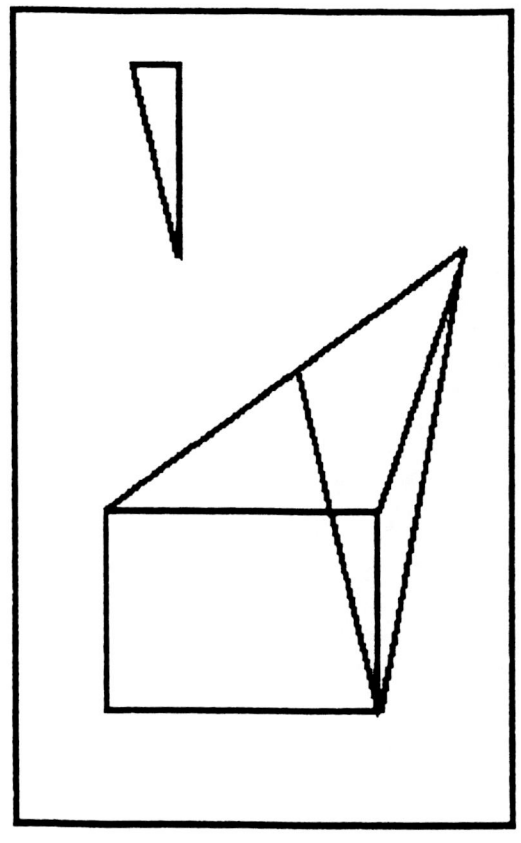

6

7
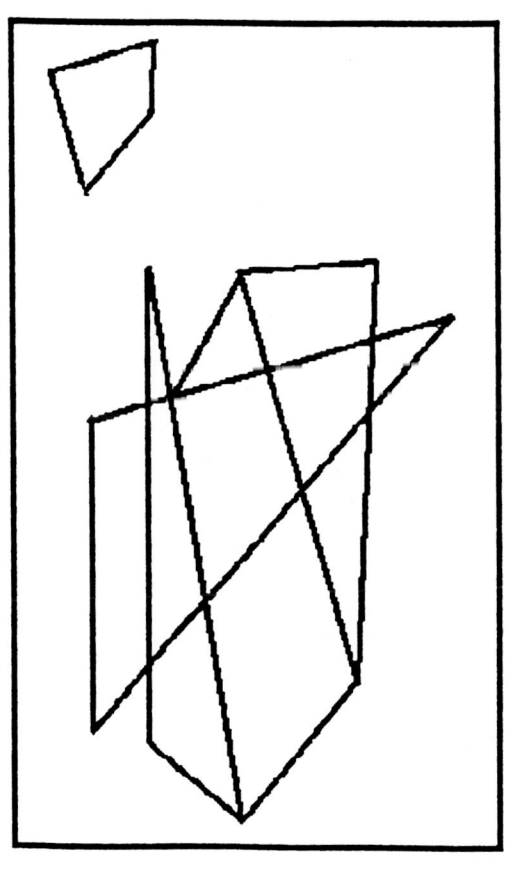

8
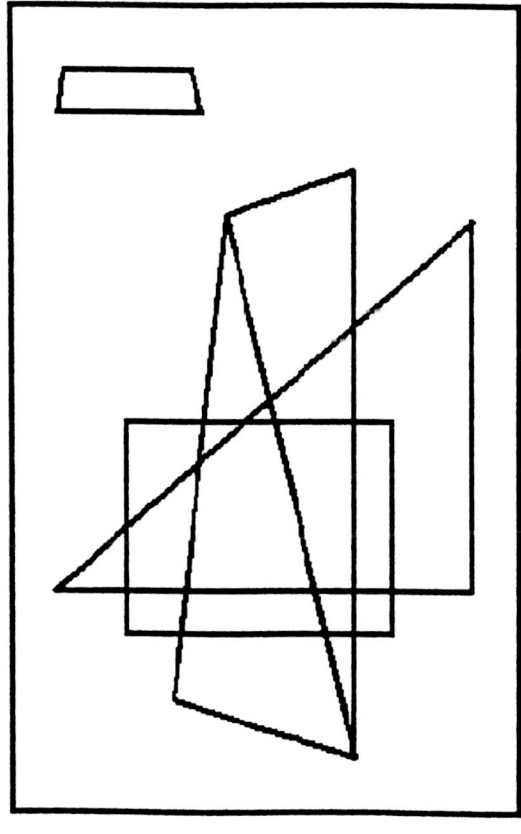

Vorlage 14 (Station 3.4)

9

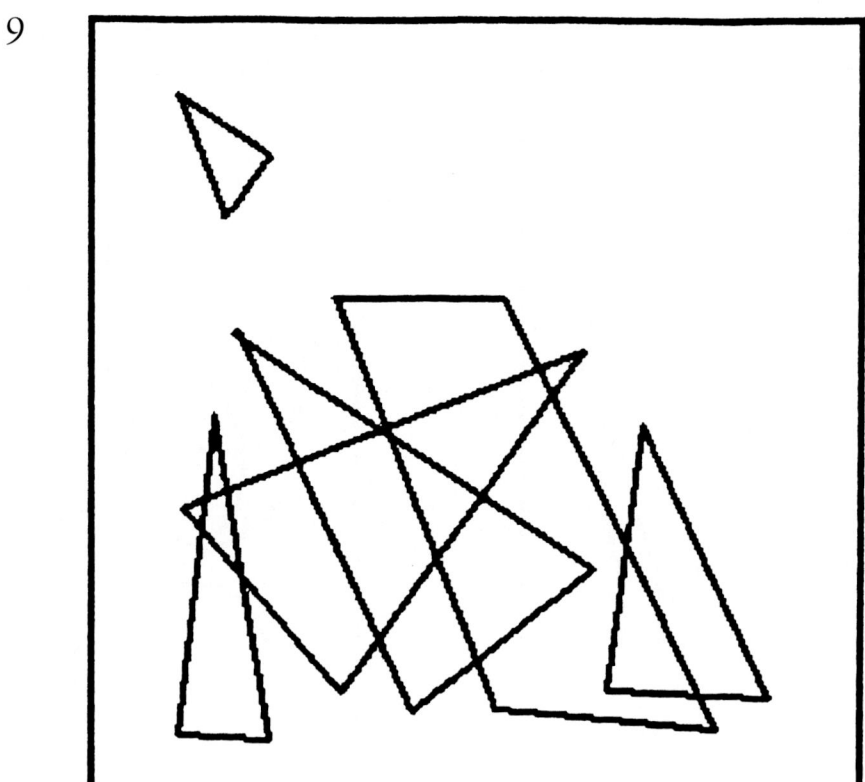

10

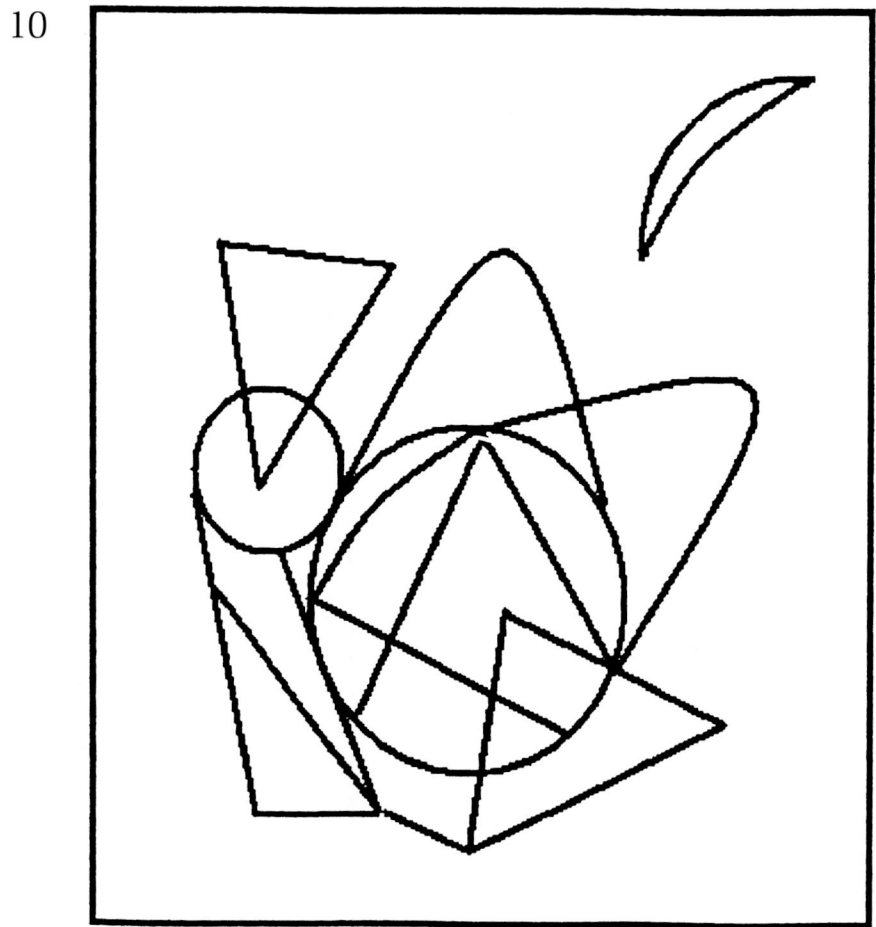

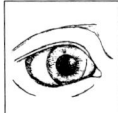

III. 3. Visuelle Wahrnehmung

Station 3.5: Optische Differenzierung

Sinnfreie Formen
Stufe: 3
Material: Vorlagen 15 bis 18
Übung: Das Kind vergleicht zwei Figuren, ob diese identisch sind.

Durchführung

Dem Kind werden zwei Bilder vorgelegt. Die Bilder stellen nichts Konkretes dar. Das Kind soll herausfinden, ob die beiden Bilder gleich oder ungleich sind. Dem Kind sollte immer nur ein Bildpaar gleichzeitig gezeigt werden. Deckt man die anderen Bildpaare ab, ist dies für einige Kinder eine sinnvolle Erleichterung. Falls ein Kind bei gleichen Bildern Unterschiede konstatiert, sollte man sie sich zeigen lassen. Außer den fehlerhaft gelösten Aufgaben (die Aufgaben sind durchnummeriert), ist auch der Arbeitsstil des Kindes zu notieren, das heißt, ob das Kind sehr schnell, sehr flüchtig oder sehr genau und gründlich schaut.

Anweisung

Schaue dir die Bilder genau an und sage mir, ob sie gleich oder ungleich (verschieden) sind.

Bewertung

Optische Differenzierung:

100 %	Das Kind löst alle Aufgaben richtig.
75 %	Das Kind löst 9 Aufgaben richtig.
50 %	Das Kind löst 8 Aufgaben richtig.
25 %	Das Kind löst 5, 6 oder 7 Aufgaben richtig.
0 %	Das Kind löst weniger als fünf Aufgaben richtig.

Gegebenenfalls auch den Arbeitsstil notieren (flüchtig, schnell etc.).

Hintergrund und Bedeutung für das Lernen in der Schule

Eine grundlegende Teilleistung zum Lernen und Denken besteht in der Fähigkeit, Dinge, die einander ähnlich, aber nicht gleich sind, als ungleich zu erkennen oder ein komplexes Bild in die Einzelteile zu zerlegen. Ist diese Fähigkeit nicht ausreichend entwickelt, können wir Wahrnehmungen nicht verwenden und weiterverarbeiten. Diese Station überprüft die Fähigkeit zur optischen Differenzierung an sinnfreiem Material. Lernen Kinder Buchstaben, so sind diese zunächst sinnfreie Zeichen. Sie müssen aber lernen, diese als gleich oder unterschiedlich zu erkennen, damit Schrift für sie interpretierbar wird.
Buchstaben unterscheiden sich in ihrer Form z. T. nur minimal. Beispiele: E:F; R:B:P; O:Q; K:R; M:N; P:D; r:n:m; *f:b:el* (Schreibschrift); *j:g*; *d:a:o*; *k:h* (Schreibschrift); *e:c*; *e:i* (Schreibschrift); *r:t*; *m:n*.
Verfügt ein Kind nicht über ausreichende optische Differenzierungsfähigkeiten, muss es beim Erlesen von Wörtern bei bestimmten, potentiell möglichen Buchstaben, die für das Kind gleich aussehen, ausprobieren, mit welchen es ein sinnvolles Wort bilden kann. In dem Stadium, in dem das Zusammenschleifen von Buchstaben erlernt wird, wird das Erlesen von Wörtern zu einem mühsamen und schwierigen Prozess.

Hinweise für eine Förderung

Kinder, die in diesem Bereich deutliche Schwierigkeiten haben, kann man Fehlerbilder bearbeiten lassen oder man lässt sie aus einem Blatt mit verschiedenen Buchstaben oder Symbolen die gleichen heraussuchen. Auch Reihen mit Zeichen, die an verschiedenen Stellen Abweichungen aufweisen, sind zur Förderung des genauen Hinsehens und Differenzierens geeignet. Kim-Spiele, bei denen es nicht auf die Erinnerung der Dinge, sondern auf Veränderungen zwischen zwei „Stillleben" ankommt, sind ebenfalls zur Wahrnehmung von Unterschieden geeignet.

▶ **Vorlage 15 (Station 3.5)**

▶ **Vorlage 16 (Station 3.5)**

▶ **Vorlage 17 (Station 3.5)**

▶ **Vorlage 18 (Station 3.5)**

Vorlage 15 (Station 3.5)

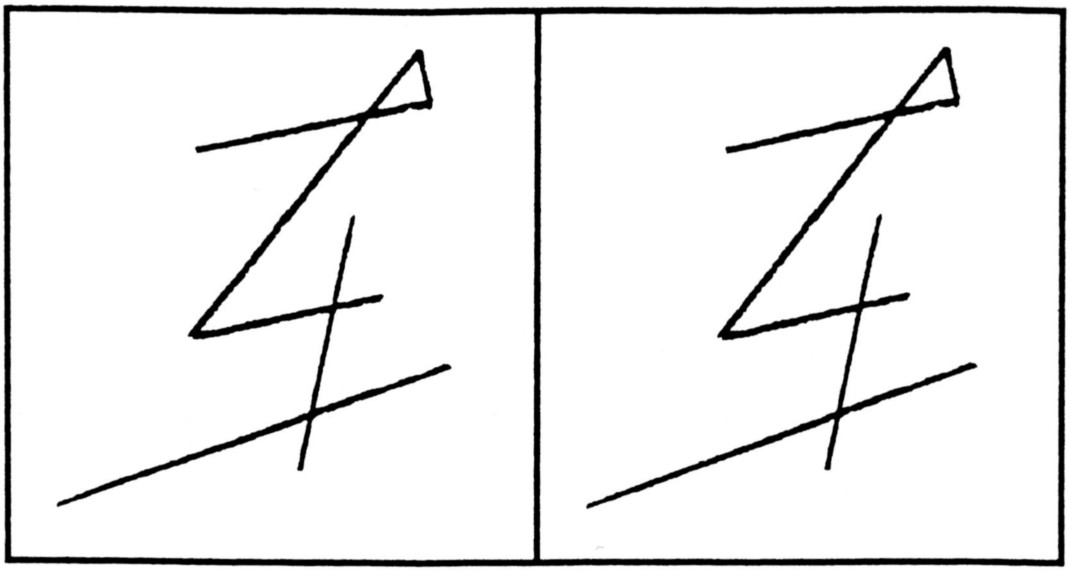

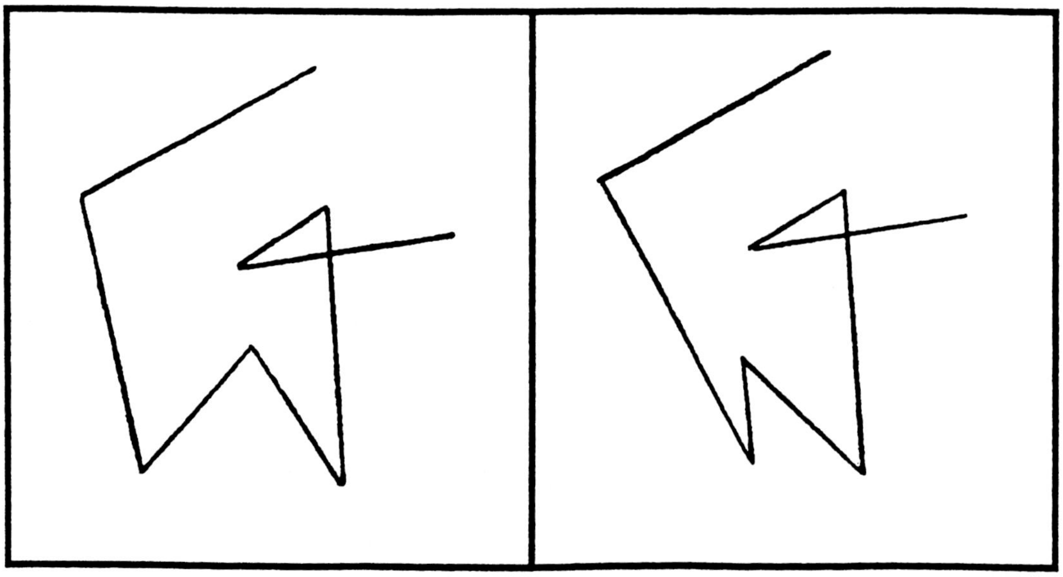

III. 3. Visuelle Wahrnehmung 67

Vorlage 16 (Station 3.5)

4

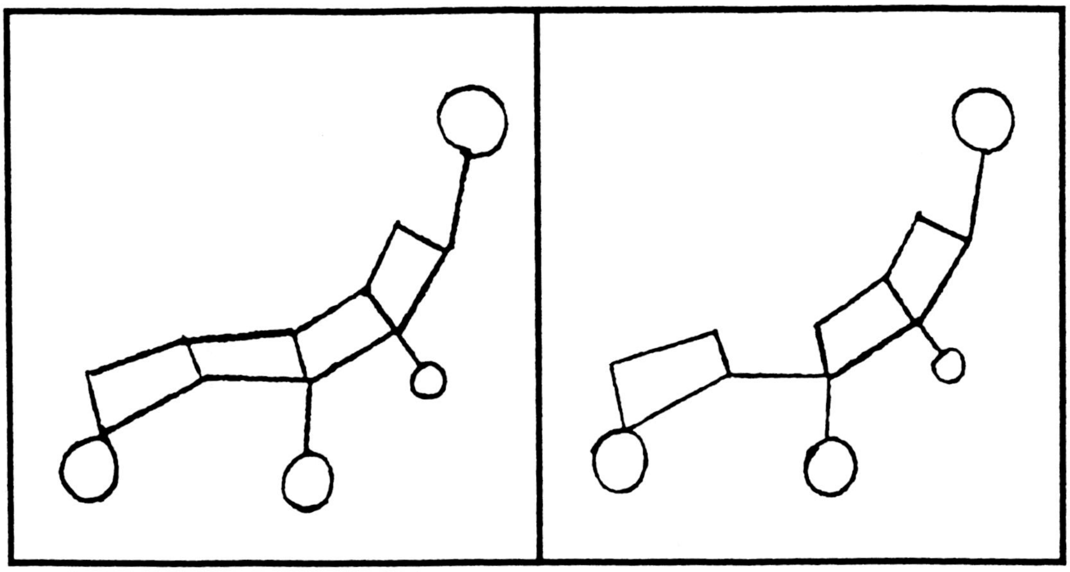

5

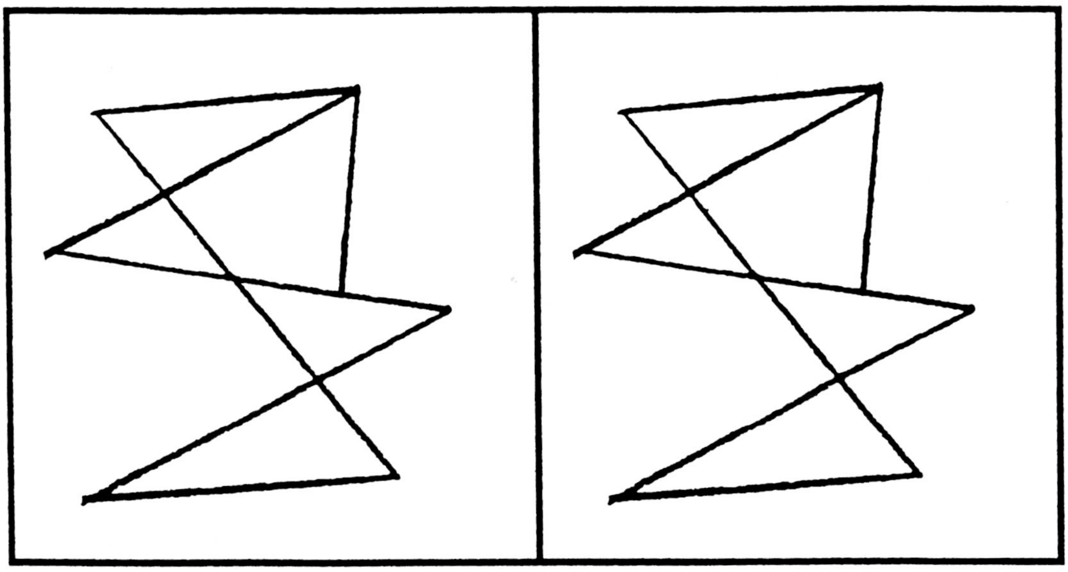

6

Vorlage 17 (Station 3.5)

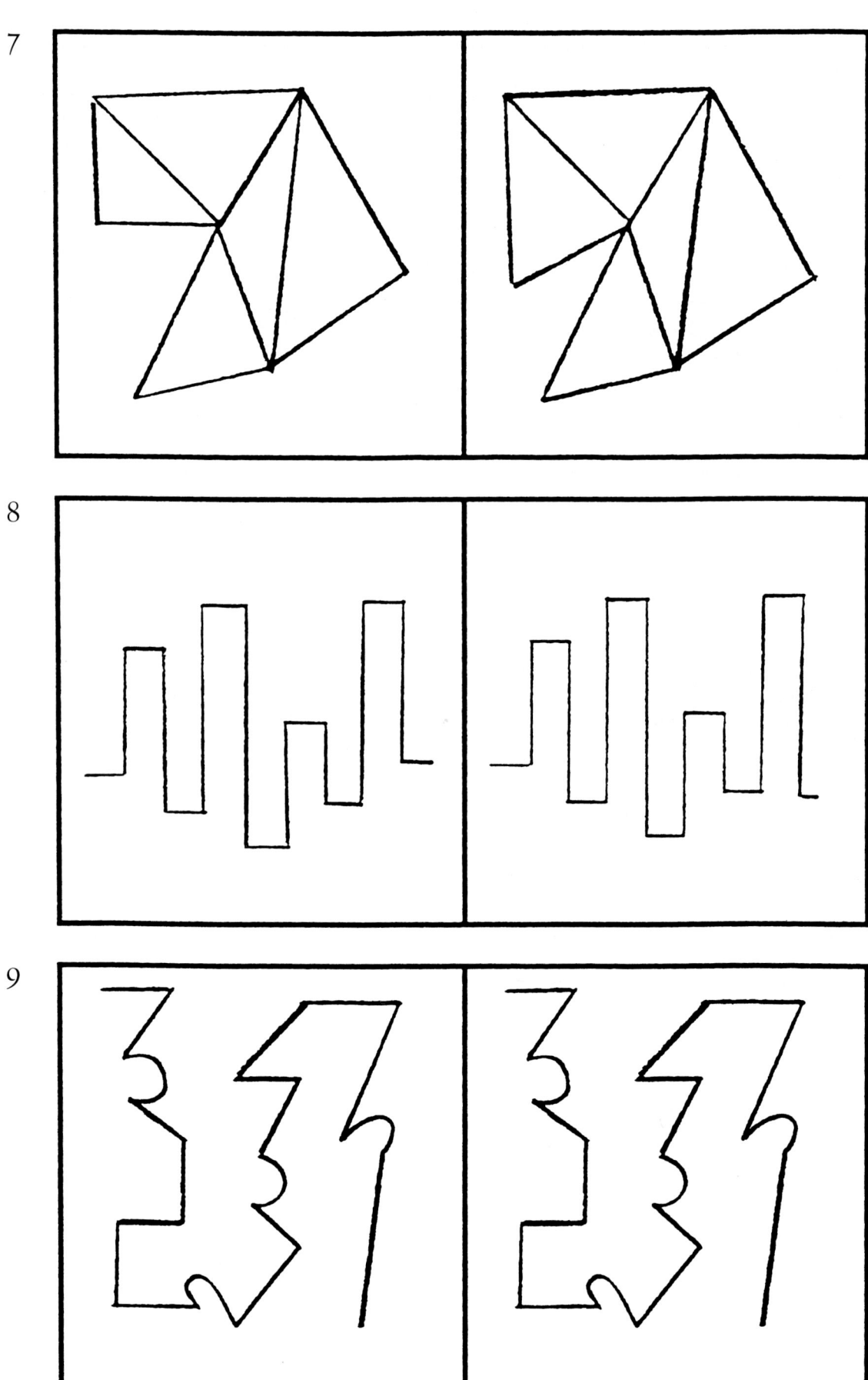

Vorlage 18 (Station 3.5)

10

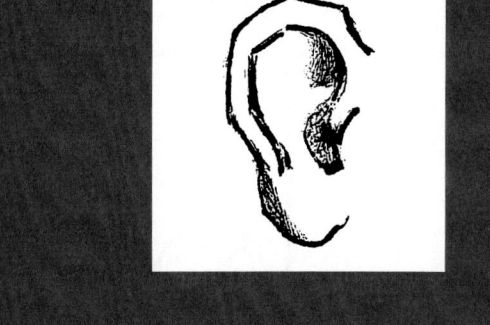

III. Beobachtungsstationen

4. Akustische Wahrnehmung

(4. Stufe)

Station 4.1: Lautdifferenzierung

Station 4.2: Lautdifferenzierung

Station 4.3: Akustische Gliederung

Station 4.4: Figur-Grund-Wahrnehmung

Station 4.5: Rhythmische Differenzierung

Station 4.1: Lautdifferenzierung

Wörter

Stufe: 4
Material: Liste mit Wörtern
Übung: Kind hört, ob die Wörter gleich oder verschieden sind.

Durchführung

Der Beobachter spricht zwei Wörter vor und fordert das Kind auf, ihm zu sagen, ob die beiden Wörter gleich oder verschieden sind. Beim Sprechen verdeckt der Beobachter seinen Mund, um ein Ablesen des Wortes vom Mund auszuschließen. Die Wörter sollen nicht besonders artikuliert oder die Unterschiede betont werden. Das Kind darf nicht korrigiert werden. Es darf unabhängig vom Ergebnis lediglich ermuntert werden mit: „Du machst das richtig", „So kannst du weitermachen" oder „Du hast es verstanden". Bittet ein Kind um die Wiederholung der Wörter, kann der Beobachter einmal dieser Bitte nachkommen. Manche Kinder sagen auch „richtig" für gleiche und „falsch" für ungleiche Wörter. Wichtig ist nur, dass eindeutig zu erkennen ist, ob das Kind einen Unterschied hört oder nicht. Es ist darauf zu achten, dass bei dieser Übung keine anderen Störgeräusche zu hören sind. Der Beobachter notiert, welche Antworten des Kindes richtig und welche falsch sind und nicht nur die Summe der richtigen und falschen.

Anweisung

Ich spreche dir jetzt immer zwei Wörter vor. Höre mir gut zu und sage mir, ob die Wörter gleich oder ungleich (verschieden) sind:

1. froh - froh
2. Gabel - Kabel
3. Ball - Ball
4. kaum - kam
5. jetzt - jetzt
6. rot - rot
7. Tür - Tier
8. auf - auf
9. Ober - über
10. Staat - Stadt
11. Seide - Seife
12. Nagel - Nadel
13. neun - neun
14. graben - traben
15. wir - wer

Manche Kinder sagen „richtig" für gleiche Wörter und „falsch" für ungleiche Wörter.

Bewertung

Lautdifferenzierung:

100 %	Das Kind löst alle Aufgaben richtig.
50 %	Eine Aufgabe löst das Kind falsch.
0 %	Zwei oder mehr Phonemvergleiche fallen falsch aus.

Hintergrund und Bedeutung für das Lernen in der Schule

Diese Station prüft die Fähigkeit, Phoneme richtig zu differenzieren. Das Kind muss dafür in der Lage sein, kleine Unterschiede zu hören. Das Erlernen des Schreibens geht in der Regel immer über ein phonematisches Stadium, d. h. die Kinder schreiben das, was sie hören. Können die Kinder Laute nicht richtig differenzieren, schreiben sie unnötig falsch. Phonematische Schwächen belasten das Schreiben- und Lesenlernen umso nachhaltiger, je länger sie andauern. Alle Schüler mit zwei oder mehr Fehlern bei den Phonemvergleichen sind zu fördern, eine einzelne Fehlleistung kann auf Konzentrationsmängel zurückgeführt werden. Dies ist gegebenenfalls genauer nachzuprüfen.
Erfahrungsgemäß gibt es bestimmte Laute, die häufiger verwechselt werden als andere: i-e, u-o, ü-ö, m-n, p-b, k-g, d-t, f-s, ch-sch.
Nur bei 5 % der Kinder, die phonematisch unsicher sind, tritt diese Wahrnehmungsschwäche isoliert auf.

Hinweise für eine Förderung

Alle Übungen, die die Aufmerksamkeit auf akustische Reize lenken, fördern das Hören (Geräusche-Lotto). Zusätzlich sollte überprüft werden, ob bestimmte Laute dem Kind bei der Unterscheidung größere Probleme bereiten und andere für das Kind problemlos sind. Es hat sich bewährt, wenn das Hören von Buchstaben durch Lautgebärden unterstützt wird.
Wenn sich Probleme bei der Arbeit mit der Anlauttabelle zeigen, was in diesen Fällen wahrscheinlich ist, dann sollte die Arbeit damit vermieden bzw. es sollten lediglich ausgewählte Buchstaben angeboten oder bestimmte Anlaute gesucht werden.
Eine Therapie ist in jedem Fall anzustreben, wenn die Kinder nach einem halben Jahr schulischer Förderung immer noch Probleme haben.
Wenn Logopäden ein besonderes Hörtraining anbieten, ist dies auf jeden Fall zu empfehlen, auch wenn keine Sprachauffälligkeiten vorliegen.

Station 4.2: Lautdifferenzierung

Sinnfreie Silben

Stufe: 4
Material: Liste mit Silben
Übung: Kind hört, ob die Silben gleich oder verschieden sind.

Durchführung

Der Beobachter spricht zwei Silben vor und fordert das Kind auf, ihm zu sagen, ob die beiden Worte gleich oder verschieden sind. Beim Sprechen verdeckt der Beobachter seinen Mund, um ein Ablesen der Silbe vom Mund auszuschließen. Die Silben sollen nicht besonders artikuliert oder die Unterschiede betont werden.

Die Ausführungen zur Durchführung entsprechen denen zur Station 4.1, die dort nachzulesen sind. Bei Station 4.1 bezogen sich die Ausführungen allerdings auf die Lautdifferenzierung von Wörtern und nicht von sinnfreien Silben.

Anweisung

Ich spreche dir jetzt immer zwei Wörter vor. Die Wörter bedeuten aber nichts. Es sind Unsinnswörter (Quatsch-Wörter). Höre mir gut zu und sage mir, ob die Wörter gleich oder ungleich (verschieden) sind:

1. pip – pit
2. jef – jef
3. fug – fog
4. zam – zam
5. nit – nit
6. mes – mech
7. pöf – pöf
8. ket – kit
9. bes – pes
10. tux – tux
11. dri – tri
12. zoot – soot
13. pau – pau
14. dis – diz
15. gin – gen

Manche Kinder sagen „richtig" für gleiche Silben und „falsch" für ungleiche Silben.

Bewertung

Lautdifferenzierung:

100 %	Das Kind löst alle Aufgaben richtig.
75 %	Eine Aufgabe löst das Kind falsch.
50 %	Zwei Aufgaben werden falsch gelöst.
0 %	Drei oder mehr Phonemvergleiche fallen falsch aus.

Hintergrund und Bedeutung für das Lernen in der Schule

Hintergrund und Bedeutung für das Lernen in der Schule sind mit denen der Station 4.1 identisch und dort nachzulesen. Der Schwierigkeitsgrad dieser Station ist allerdings höher, weil hier die Phoneme sinnfreier Silben statt sinnvoller Wörter richtig differenziert werden müssen.

Hinweise für eine Förderung

Die Hinweise für eine Förderung entsprechen denen der Station 4.1 und sind dort nachzulesen.

Station 4.3: Akustische Gliederung

Versteckte Wörter
Stufe: 4
Material: Liste mit Wörtern
Übung: Kind hört, ob in einem Wort „zu" zu hören ist.

Durchführung

Dem Kind werden nacheinander die unten aufgelisteten Wörter gesagt. Das Kind soll nach jedem gehörten Wort sagen, ob es die Silbe „zu" darin gehört hat. Als Beispiel kann das Wort „zusammen" dienen. Bei Bedarf können auch noch weitere Beispiele wie „zurück", „zuvor", „hinzu" angeführt werden. Nur bei dem Beispiel ist es erlaubt, das „zu" gesondert zu betonen. Das Kind darf einmal während des Erklärens das Wort „zu" aussprechen, ansonsten soll es die gesagten Wörter nicht nachsprechen.
Beim Sprechen verdeckt der Beobachter seinen Mund, um ein Ablesen des Wortes vom Mund auszuschließen. Wenn Sie den Verdacht haben, dass das Kind während der Übung vergisst, welchen Laut es heraushören soll, fragen Sie nach. Wenn es diesen nicht mehr weiß, sagen Sie ihn erneut. Dies ist jedoch unbedingt unter Anmerkungen zu vermerken.

Anweisung

Ich spreche dir jetzt immer ein Wort vor. Höre mir gut zu und sage mir, ob du darin „zu" hören kannst (ob „zu" darin versteckt ist oder nicht):

1. Zufall
2. herauszufinden
3. wozu
4. einschulen
5. konzentriert
6. mutig
7. allzukommen
8. Versuchung
9. dazu
10. zusehen
11. allzu
12. anzuziehen
13. zeitig
14. unzureichend
15. Susanne

Bewertung

Akustische Gliederung:

100 %	Das Kind löst alle Aufgaben richtig.
75 %	Eine Aufgabe löst das Kind falsch.
50 %	Zwei Aufgaben werden falsch gelöst.
0 %	Drei oder mehr Aufgaben werden falsch gelöst.

Hintergrund und Bedeutung für das Lernen in der Schule

Diese Station prüft, ob das Kind in der Lage ist, ein gehörtes Wort so in Einzellaute zu gliedern, dass es Details heraushören kann. Diese Fähigkeit ist Voraussetzung, um Wörter in Buchstaben- bzw. Lautfolgen zu gliedern und um Wörter lautgetreu schreiben zu können.

Hinweise für eine Förderung

Die Hinweise für eine Förderung entsprechen denen der Station 4.1, die dort nachzulesen sind. Beim Lesen und Schreiben kann durch Silbenbögen die akustische Gliederungsfähigkeit unterstützt werden.

Station 4.4: Figur-Grund-Wahrnehmung

Geschichte hören bei Störgeräuschen
Stufe: 4
Material: Kassette mit Störgeräuschen
Übung: Kind hört eine Geschichte bei Störgeräuschen.

Durchführung

Diese Station hat verschiedene Schwierigkeitsstufen. Man beginnt zunächst mit der schwierigsten Variante. Wenn diese nicht gelingt, geht man stufenweise zu Vereinfachungen über.
Dem Kind wird die Hundegeschichte (s. u.) vorgelesen, während gleichzeitig eine Kassette mit Störgeräuschen läuft. Diese soll folgende Störgeräusche beinhalten:
- Rauschen (verstellter Sender am Radio),
- Musik,
- Straßenlärm,
- Sprache (einer fremden Person, Nachrichtensendung),
- beliebiger Text aus einem Buch oder einer Zeitung mit monotoner Stimme vorgelesen.

Zumindest ein Teil der Hundegeschichte sollte durch Sprache als Störung begleitet werden.

a) Als erstes versucht man, ob das Kind die Geschichte wiedergeben kann.

b) Wenn das Kind dies nicht kann, stellt man ihm die folgenden Fragen zur Geschichte:
- *Wo lebte der Hund zuerst?*
- *Wer hat den Hund aus dem Heim geholt?*
- *Was hat der Hund alles in seinem neuen Zuhause bekommen?*
- *Wofür bekam er eine Belohnung?*
- *Was hat der Hund angestellt, als er allein zu Hause war?*
- *Was hat das Frauchen anschließend gemacht?*

c) Kann das Kind auch diese Fragen nicht beantworten, wird die Geschichte erneut vorgelesen (mit laufender Kassette) und das Kind soll jedes Mal bei dem Wort „Hund" klopfen.
Es ist unbedingt zu notieren, ob das Kind die Geschichte selbstständig wiedergegeben, auf die Fragen geantwortet oder bei „Hund" geklopft hat.
Weiterhin ist während der Erzählung des Kindes darauf zu achten, ob es sich sprachlich korrekt ausdrückt, ob es ganze Sätze bildet und ob die Geschichte einen logischen Zusammenhang bietet, d. h. ob das Kind die Geschichte wirklich verstanden hat. Gegebenenfalls notiert man auch direkt die Antworten oder die Erzählung des Kindes.

Anweisung

Ich lese dir jetzt eine Geschichte vor. Höre gut zu. Während des Vorlesens lasse ich jedoch den Kassettenrekorder laufen. Auf der Kassette sind Musik, Geräusche oder Stimmen zu hören. Du sollst aber nur mir zuhören.

a) + b) *Nachher erzählst du mir die Geschichte. Wenn du das nicht kannst, werde ich dir Fragen zur Geschichte stellen.*

c) *Ich will mal sehen, ob du bei den störenden Geräuschen das Wort „Hund" hören kannst. Jedes Mal, wenn du das Wort „Hund" hörst, klopfe auf den Tisch. Versuchen wir es einmal: „Hund". Du sollst auch klopfen, wenn du das Wort zusammen mit einem anderen Wort hörst. Also, zum Beispiel: „Hundeknochen"* (erneutes Vorlesen).

Eine lustige Hundegeschichte

Der kleine Mischlingshund Balle lebte im Tierheim mit vielen anderen Hunden in einem großen Hundezwinger. Eines Tages kam eine Familie mit ihren zwei Kindern und wollte einen Hund aus dem Heim zu sich holen. Der kleine Hund sprang gleich auf die Menschen zu und schaute sie mit seinen braunen Hundeaugen an. Das sah so drollig aus, dass der kleine Hund in die Familie aufgenommen wurde. Dem kleinen Hund gefiel sein neues Zuhause. Hier hatte er einen kuscheligen Hundekorb, ein schönes Hundehalsband mit einer langen Hundeleine, einen eigenen Fressnapf und einen großen Garten zum Herumtollen. Wenn er brav war und gehorchte, bekam er zur Belohnung Hundekuchen. Eines Tages, als sein Frauchen vom Einkaufen nach Hause kam, war die Überraschung groß. Der kleine Hund hatte aus Langeweile eine Pflanze aus dem Blumentopf gebuddelt und alles im Wohnzimmer verteilt. Schuldbewusst saß er in der Ecke. Sein Kopf war gesenkt, nur die kleine Hundenase war zu sehen. Sein Frauchen packte ihn im Nacken, so wie es die Hundemutter macht, und schüttelte ihn sanft. Aber richtig böse konnte sie ihm nicht sein. Dann machte sie ein Foto von dem Chaos und dem kleinen Hund mittendrin, bevor sie anfing, alles sauber zu machen.

III. 4. Akustische Wahrnehmung

Bewertung

a) Nacherzählung:

100 %	Das Kind kann mindestens fünf inhaltlich richtige Sätze zur Geschichte machen und gibt den wesentlichen Inhalt wieder.
50 %	Das Kind weiß wesentliche Teile nicht.
0 %	Das Kind kann sehr wenig von der Geschichte wiedergeben.

b) Beantworten der Fragen:

100 %	Das Kind kann alle Fragen richtig beantworten.
50 %	Das Kind kann fünf Fragen richtig beantworten.
25 %	Das Kind beantwortet vier Fragen richtig.
0 %	Das Kind macht mehr als zwei Fehler.

Im Beobachtungsbogen ist das Ergebnis von Version a oder b zu notieren, die gleichwertig sind. Bekommt ein Kind hierbei 0 % und führt deshalb die Version c noch aus, sind diese Ergebnisse gesondert unter Beobachtungen zu vermerken.

c) Klopfen beim Wort „Hund":

100 %	Das Kind hat alle „Hund" gefunden und nicht falsch geklopft.
50 %	Das Kind macht bis zu zwei Fehler.
0 %	Das Kind macht mehr als zwei Fehler.

Als Fehler gilt sowohl, wenn das Kind bei „Hund" nicht klopft, als auch, wenn es zu oft klopft, also dann, wenn das Wort „Hund" gar nicht vorkommt. Kinder, die bei Version a oder b nicht mindestens 50 % erreicht haben, benötigen eine Förderung auch wenn sie bei der Version c besser abschneiden. Es ist davon auszugehen, dass die Kinder dann zumindest ein Problem mit dem sinnentnehmenden Hören bei Störgeräuschen haben.

Hintergrund und Bedeutung für das Lernen in der Schule

Diese Station testet, ob das Kind in der Lage ist, seine Aufmerksamkeit zu fokussieren und unwichtige Geräusche in den Hintergrund zu drücken. Diese Fähigkeit ist unverzichtbar zum Lernen in einer sozialen Gruppe, da hier ständig irgendwelche Störgeräusche vorhanden sind. Das Kind muss sich dabei auf die Worte der Lehrkraft oder erklärender Mitschüler konzentrieren und Nebengeräusche ausblenden können.

Hinweise für eine Förderung

Für Kinder mit Problemen in der akustischen Figur-Grund-Wahrnehmung ist es extrem wichtig, dass für Arbeitsruhe in der Klasse gesorgt wird, insbesondere wenn verbale Anteile im Unterricht eine Rolle spielen.
Wenn es von dem Kind als hilfreich erlebt wird und es von der Anlage der Arbeit möglich ist, sollten Klassenarbeiten allein in einem extra Raum (eventuell Flur) geschrieben werden. Wird das Kind durch Geräusche auch in Unterrichtsphasen abgelenkt, wo es nicht zuhören muss, sollten möglichst viele Unterrichtsanteile von dem Kind alleine in einem ruhigen Raum erledigt werden.
Spezielle Übungen helfen dem Kind bei dem Erlernen des Filterns und Ausschaltens von Hintergrundgeräuschen.
Derartige Übungen werden auch in psychomotorischen Behandlungen durchgeführt.

Station 4.5: Rhythmische Differenzierung

Rhythmus klatschen

Stufe: 4
Material: –
Übung: Das Kind klatscht einen vorgegebenen Rhythmus nach.

Durchführung

Dem Kind wird ein Takt vorgeklatscht, den es nachzuklatschen hat. Bei der Probeaufgabe soll das Kind das Klatschen des Beobachters sehen. Bei den Bewertungsaufgaben wendet das Kind dem Beobachter den Rücken zu, damit die Klatschbewegungen nicht gesehen werden können. Der Klatschrhythmus wird als Folge von kurz (*) und lang (-) geklatscht (d. h. von kurzen und langen Pausen). Der Strich ist jeweils auch der betonte Teil. Der Klatschrhythmus der Probeaufgabe kann bis zu zweimal wiederholt werden. Bei den Wertungsaufgaben ist nur eine Wiederholung zulässig.

```
Probe:        * * - *
1. Aufgabe:   - * * -
2. Aufgabe:   * - * * *
```

Jede Abweichung vom vorgeklatschten Rhythmus gilt als Fehler, wobei die Betonung für die Bewertung bedeutungslos ist.

Anweisung

Du kannst doch schon mit den Händen klatschen. Klatsche mal. Fein.
Nun klatsche ich dir etwas vor. Höre genau zu, damit du es nachklatschen kannst. Du darfst erst klatschen, wenn ich aufhöre. Passe auf.
Beobachter klatscht vor.
Jetzt bist du an der Reihe.
Bei einer Fehlleistung wird das Kind mit folgenden Worten zur Wiederholung aufgefordert: *Gut so, höre wieder genau zu. Jetzt klatschen wir noch einmal, ich klatsche wieder vor.*
Ab Aufgabe 1 nach der Probe wird das Kind vom Beobachter aufgefordert: *Drehe dich jetzt um. Höre gut zu und klatsche es dann wieder nach.*

Bewertung

Rhythmische Differenzierung:

100 %	Das Kind schafft beide Rhythmen beim ersten Versuch bzw. einen beim zweiten.
50 %	Das Kind schafft beide Rhythmen beim zweiten Versuch.
0 %	Mindestens einen Rhythmus kann das Kind gar nicht nachklatschen.

(vgl. BREUER/WEUFFEN 1990, S. 45 ff.)

Hintergrund und Bedeutung für das Lernen in der Schule

Ein Jahr vor Schulbeginn erreichen bereits mehr als die Hälfte der Kinder positive Ergebnisse (wenigstens 50 %), bei Schuleintritt zeigen noch etwa 15 % Rückstände in diesem Bereich. Gelingt es nicht, auch nur einen Rhythmus nachzuklatschen, bedarf es einer Förderung.
Die rhythmische Gliederung und Strukturierung ist ein übergreifendes Wesensmerkmal von Informationsverarbeitungsprozessen. Gliederung und andere strukturierende Merkmale sind Bausteine für die Kodierung von Laut- und Schriftsprache und damit auch des Denkens. Rhythmische Gliederungen lassen sich innerhalb aller sprachbezogenen Wahrnehmungsbereiche nachweisen und besitzen deshalb eine übergreifende, integrative Funktion. Die Wahrnehmung von Rhythmus bzw. Länge oder Kürze ist direkt gefragt, wenn z. B. herausgehört werden soll, ob es sich um einen kurzen oder langen Vokal handelt. Dies ist u.a. nötig, um zu entscheiden, ob anschließend das scharfe [s] mit „ß" oder mit „ss" geschrieben werden muss.

Hinweise für eine Förderung

Lieder, bei denen der Rhythmus mitgeklatscht oder getrommelt wird und rhythmisches Bewegen zu einem Text oder einer Melodie fördern die Wahrnehmung und Integration von Rhythmus. Bewegen nach einer Trommel oder einem Tamburin fördert ebenfalls die Wahrnehmung von Rhythmus. Alle Tanzspiele oder Tänze integrieren Bewegung und Rhythmus. Schwieriger ist schon das Zusammenspiel mit Orff'schen Instrumenten.
Man kann das Kind auf gleichförmige Rhythmen im Alltag aufmerksam machen (Uhrticken, Metronom, Herzschlag, Motorengeräusche, Marschmusik oder sehr moderne Musik).

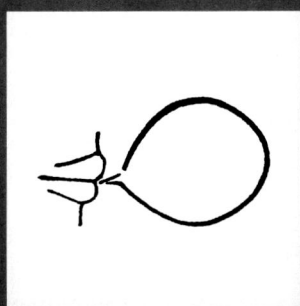

III. Beobachtungsstationen

5. Sprachfähigkeit und Mengenvorstellungen

(5. Stufe)

Station 5.1: Sprachfähigkeit (Lautbildungsfehler – Dyslalie)
➨ Vorlagen 19 bis 21

Station 5.2: Sprachfähigkeit (Dysgrammatismus)

Station 5.3: Sprachfähigkeit (Stottern)

Station 5.4: Mengenvorstellungen

Station 5.1: Sprachfähigkeit

Lautbildungsfehler (Dyslalie) in der Sprache des Kindes
Stufe: 5
Material: Vorlagen 19 bis 21
Übung: Das Kind benennt Sachen auf einem Bilderbogen

Durchführung

An dieser Station wird das Kind auf vorhandene Sprachstörungen geprüft, und zwar auf die Fähigkeit, alle Laute und Lautverbindungen sprechen zu können. Der Beobachter legt dem Kind die Vorlagen mit den Bildern vor und lässt dieses die Dinge darauf benennen. Sagt das Kind ein anderes als das gewünschte Wort, so wird ihm gesagt, wie es heißt und es wird aufgefordert, dieses Wort zu wiederholen. Ist der Beobachter sich nicht sicher, ob das Kind die zu überprüfende Lautverbindung bilden kann, kann er andere Wörter mit dem gleichen Laut oder der Lautverbindung vorsprechen und das Kind auffordern, diese zu wiederholen. Es treten manchmal Lautbildungsfehler in der Spontansprache des Kindes auf, die bei Konzentration auf eine richtige Lautbildung jedoch ausbleiben. Werden Zischlaute (f, v, s, sch, x, ch) nicht richtig gesprochen, ist zu überprüfen, ob dies an den fehlenden Schneidezähnen liegen kann.

Anweisung

Sage mir, was du auf den Bildern siehst. Ich mache es dir vor (etwa eine Reihe vorsprechen) und dann bist du an der Reihe. Fange hier an.

Bewertung – Stammeln (Dyslalie):

100 %	Das Kind kann alle Laute bilden.
50 %	Das Kind kann alle Laute nachsprechen; in der Spontansprache treten Lautbildungsfehler auf.
0 %	In der Spontansprache treten mehrere Lautbildungsfehler auf. Das Kind kann die Laute nicht korrekt nachsprechen.

Unter Anmerkungen ist einzutragen, welche Lautbildungsfehler aufgetreten sind:
K, G, R, S, Sch, ch
Tr, Dr, Kr, Pr, Schl, Schm, Schn, Str, Spr
Bei fehlenden Schneidezähnen sind die Zischlaute aus der Bewertung herauszunehmen. Diese Lautbildungsfehler sind trotzdem zu notieren und dann erneut zu überprüfen.

Hintergrund und Bedeutung für das Lernen in der Schule

Sprache entwickelt sich verhältnismäßig spät und ist ein kompliziertes funktionelles System, welches auf anderen Wahrnehmungssystemen aufbaut und diese integriert. Sprechen und Sprechenlernen erfordern eine sehr komplexe Bewegungsplanung. Das Gehirn muss Bewegungsabläufe so ordnen, dass die dabei entstehenden Töne ein Wort bilden. Wörter müssen in eine gewünschte Reihenfolge gesetzt werden. Kinder mit Sprachproblemen weisen oft eine orale Apraxie auf. Bei Sprachproblemen sind häufig mehrere sensorische Systeme am Problem beteiligt, wobei sich die Probleme beim auditiven System häufig am deutlichsten zeigen. Ein gut entwickeltes Hörvermögen (Hören als komplexer Verarbeitungsprozess) ist ein Fundament für die Fähigkeit, Sprache zu bilden.

Stammeln (Dyslalie)

Stammeln ist eine Störung der Artikulation, bei der einzelne Laute oder Lautverbindungen fehlen, falsch gebildet oder durch andere ersetzt werden. Stammeln ist häufig ein Symptom einer verzögerten Sprachentwicklung, kann aber auch isoliert auftreten. Fehlen nur wenige Laute oder ist nur ein einzelner Laut betroffen, spricht man von partiellem Stammeln. Ist aber die Sprache aufgrund der Vielzahl fehlender oder falsch gesprochener Laute schwer verständlich, so spricht der Fachmann von multiplem Stammeln. Bei völlig unverständlicher Sprache, wenn also der vorhandene Lautbestand nur wenige Laute umfasst, wird dieser Zustand als universelles Stammeln bezeichnet.

Bei Schuleintritt sollten alle Laute und Lautverbindungen regelgerecht gebildet werden können. Besonders sollte auf folgende Laute: K, G, R, S, ch und Sch und folgende Lautverbindungen: Tr, Dr, Kr, Pr, Schl, Schm, Schn, Str und Spr geachtet werden. Manchmal werden Wörter beim Nachsprechen richtig gebildet, in der Spontansprache aber nicht. Treten in der Spontansprache Lautbildungsfehler auf, sollte das Kind aufgefordert werden, das Wort nach einem Vorsprechen richtig zu wiederholen.

Hinweise für eine Förderung

Wenn das Kind Laute nicht korrekt sprechen kann (Ausnahme die Zischlaute bei fehlenden Schneidezähnen), sollte immer eine logopädische Therapie vorgeschlagen werden. Wenn es den Erzählfluss des Kindes nicht zu sehr unterbricht oder dies zu häufig der Fall ist, fordert man das Kind auf, das Wort noch einmal richtig zu sagen oder es zumindest zu versuchen. Dabei sollte das Wort noch einmal richtig vorgesprochen werden.

▶ Vorlage 19 (verschiedene Bilder – Station 5.1)
▶ Vorlage 20 (verschiedene Bilder – Station 5.1)
▶ Vorlage 21 (Tabelle der überprüften Wörter und Laute – Station 5.1)

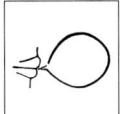

Vorlage 19 (Station 5.1)

Lautprüfung: 1

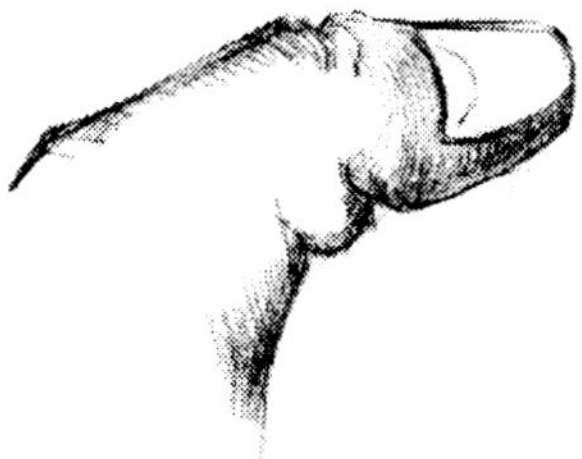

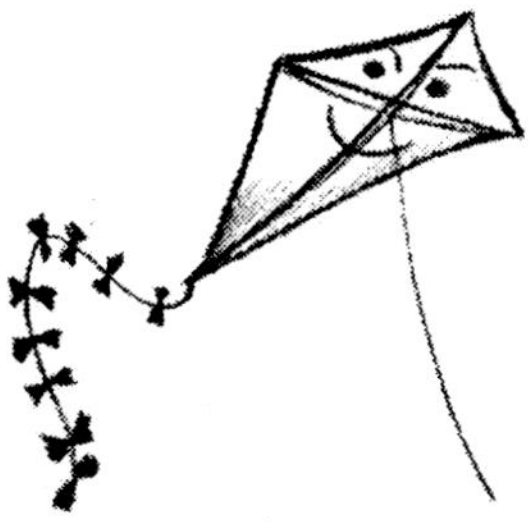

Apfel	**F**lasche	**D**aumen	**D**rachen
Haus	**G**locke	**J**äger	**B**lume
Brot	**P**uppe	**W**ürfel	**T**isch
Treppe	**S**onne	**K**asper	**Schr**ank
Schwein	**Kl**ammer	**Kn**opf	**Schm**etter**l**ing

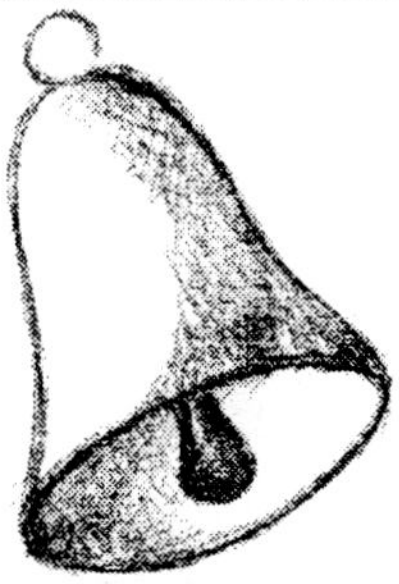

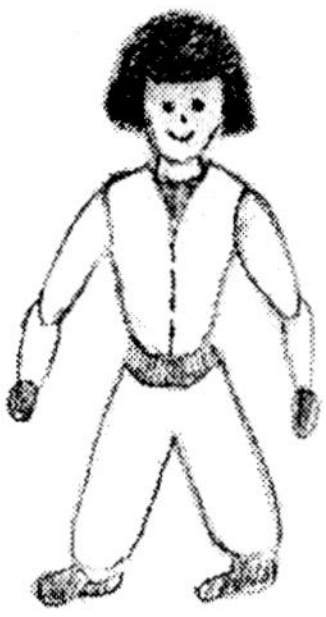

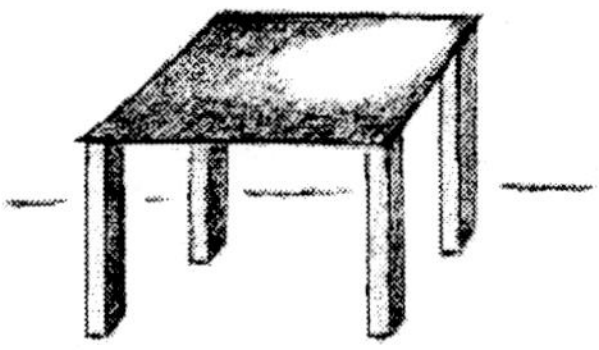

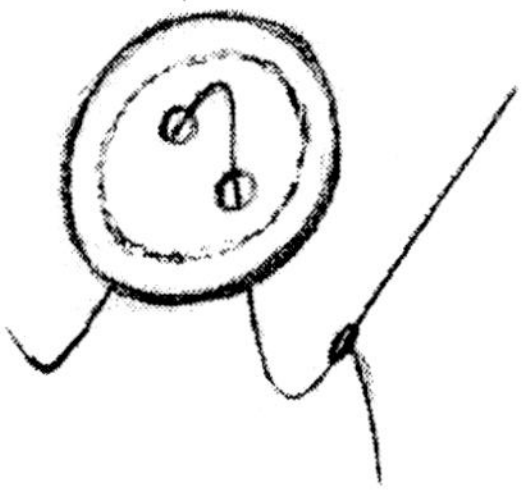

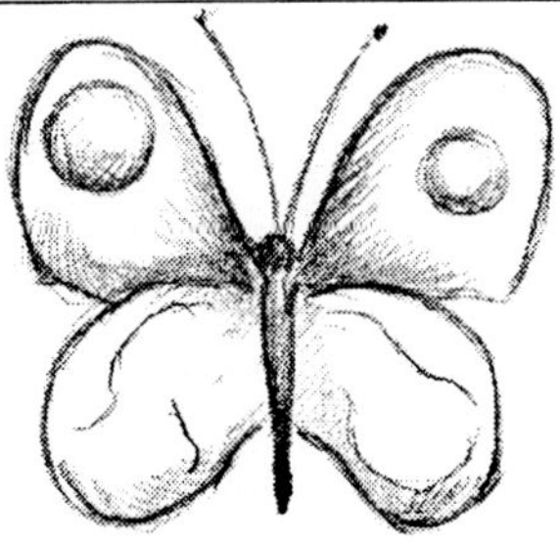

Vorlage 20 (Station 5.1)

Lautprüfung: 2

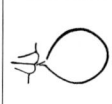

Vogel	**Sch**ere	**Schl**ange	**Schn**ecke
Stuhl	**Str**ümpfe	He**x(ks)**e	**Gr**as
Wurst	**G**abel	Leu**ch**ter	**Pfl**aster
Zwerg	**Sp**inne	**Spr**ingbr**u**nnen	**Kr**euz
Reifen	Bu**ch**	**Fr**osch **qu**a**k**en	**K**atze

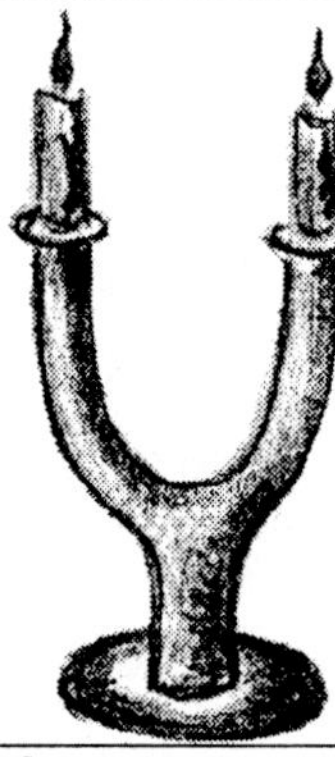

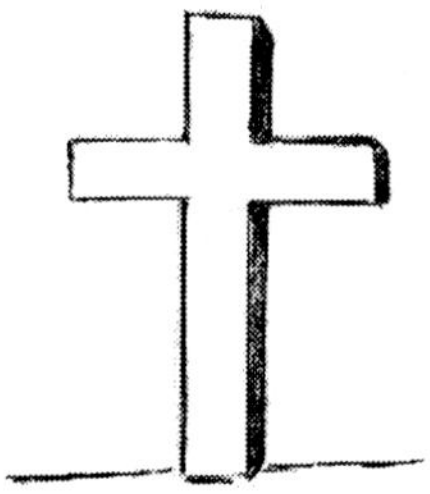

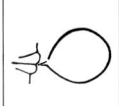

Vorlage 21 (Station 5.1)

Tabelle der zu überprüfenden Wörter und Laute

Apfel	pf l
Flasche	Fl sch
Daumen	D m n
Drachen	Dr ch n
Haus	H s
Glocke	Gl k
Jäger	J g r
Blume	Bl m
Brot	Br t
Puppe	P p
Würfel	W rf l
Tisch	T sch
Treppe	Tr p
Sonne	S n
Kasper	K sp
Schrank	Schr nk
Schwein	Schw
Klammer	Kl
Knopf	Kn pf
Schmetterling	Schm ng
Vogel	F
Schere	Sch r
Schlange	Schl ng
Schnecke	Schn k
Stuhl	St
Strümpfe	Str mpf
Hexe	x(ks)
Gras	Gr s
Wurst	W rst
Gabel	G b l
Leuchter	L cht
Pflaster	Pfl st
Zwerg	Zw rg
Spinne	Sp
Springbrunnen	Spr
Kreuz	Kr z
Reifen	R f
Buch	ch
Katze	K tz
Frosch	Fr sch
quaken	qu k n

Station 5.2: Sprachfähigkeit

Dysgrammatismus
Stufe: 5
Material: –
Übung: Der Beobachter hört dem Kind bei Erzählungen zu.

Durchführung

An dieser Station werden eventuell vorhandene Sprachstörungen festgestellt.
Der Beobachter lässt sich Erlebnisse, den Tagesablauf, Alltagssituationen, Spiele oder Lieblingsgeschichten erzählen.
Er beobachtet dabei die Spontansprache des Kindes. Dabei wird auf Syntax und Grammatik geachtet.

Anweisung

Erzähle mir:
– *Was spielst du am liebsten?*
– *Was hast du heute schon alles gemacht?*
– *Wie ist es in der Schule/im Kindergarten? Was hast du Lustiges/Schönes/Trauriges erlebt?*
– *Wie geht es morgens bei euch zu, wenn du aufstehst (Zähne putzen)?*
– *Was macht man alles beim Einkaufen?*
– *Erzähle von deinem letzten Unfall/vom letzten Mal, als du dir weh getan hast!*
– *Erzähle mir von einer Fernsehsendung!*

Bewertung

a) Syntax und b) Dysgrammatismus

100 %	Das Kind spricht grammatikalisch und syntaktisch einwandfrei.
50 %	Das Kind hat in einem eng umgrenzten syntaktischen oder grammatikalischen Bereich Schwierigkeiten. Das Kind bildet spontan keine Nebensätze oder Fragen. Es kann keine Vier- bis Fünf-Wortsätze korrekt nachsprechen.
0 %	Es treten mehrere Fehler auf.

Unter Beobachtungen ist einzutragen, welche Symptome beim Dysgrammatismus auftreten:
▷ Probleme bei der Pluralbildung
▷ Probleme bei Präpositionen
▷ Probleme bei Adjektiven und ihren Steigerungen
▷ Probleme beim richtigen Gebrauch der Fälle
▷ Probleme beim richtigen Gebrauch der Zeitformen
▷ Probleme beim richtigen Gebrauch der Konjugation

Bei der Bewertung ist von Bedeutung, ob das Kind zu Hause korrektes Deutsch hört. Davon kann man nicht ausgehen, wenn z. B. Deutsch nicht die Muttersprache ist. Auch gibt es regional grammatikalische Besonderheiten. Beispielsweise werden in manchen Dialekten der Dativ und der Akkusativ bei Artikeln und Personalpronomen nicht sauber unterschieden.

Hintergrund und Bedeutung für das Lernen in der Schule

Die Bedeutung der Sprachentwicklung als komplexer Verarbeitungsprozess ist unter Station 5.1 bereits beschrieben worden.

Dysgrammatismus

Der Dysgrammatismus ist eine pathologische Störung im grammatikalischen und syntaktischen Aufbau der Sprache. Der Gedankenfluss kann nicht in regelgerechter Wortbildung und Wortfolge ausgedrückt werden. Der Dysgrammatismus ist oft ein Symptom einer verzögerten Sprachentwicklung. Betroffen sind Satzbau und Grammatik. In schweren Fällen werden einzelne Wörter aneinandergereiht.

Syntax

Schulkinder müssen mindestens Vier- bis Fünf-Wortsätze nachsprechen können. Die Wortstellung im Satz muss richtig sein (z. B. wäre „Du böse bist." falsch). Es muss Fragesätze korrekt bilden können. Von Bedeutung ist auch, ob das Kind Satzmuster mit Haupt- und Nebensätzen bildet.

Grammatik

Grammatikalische Besonderheiten können beispielsweise bei der Pluralbildung, bei Präpositionen, bei Adjektiven und ihren Steigerungen, dem richtigen Gebrauch der Fälle, der Zeitformen und der Konjugationen auftreten (z. B.: Ich mit die kleine Freundin in die Schule gehen.).

Hinweise für eine Förderung

Wenn Sie Auffälligkeiten bemerken, sollte immer eine logopädische Therapie vorgeschlagen werden.

Station 5.3: Sprachfähigkeit

Stottern
Stufe: 5
Material: –
Übung: Der Beobachter hört dem Kind bei Erzählungen zu.

Durchführung

An dieser Station werden eventuell vorhandene Sprechstörungen festgestellt.
Der Beobachter lässt sich wie an Station 5.2 Erlebnisse, den Tagesablauf, Alltagssituationen etc. erzählen.
Er beobachtet dabei die Spontansprache des Kindes. Dabei wird auf den Redefluss geachtet.

Anweisung

Kannst du mir erzählen:
- *Was spielst du am liebsten?*
- *Was machst du heute schon alles?*
- *Wie ist es in der Schule/im Kindergarten?*
- *Was hast du Lustiges/ Schönes/ Trauriges erlebt?*
- *Wie geht das morgens bei euch zu, wenn du aufstehst (Zähne putzen)?*
- *Was macht man alles beim Einkaufen?*
- *Erzähle von deinem letzten Unfall/vom letzten Mal, als du dir weh getan hast!*
- *Erzähle mir von einer Fernsehsendung!*

Bewertung

Stottern:

100 %	Der Redefluss ist ungestört.
50 %	Bei Konzentration spricht das Kind symptomfrei.
0 %	Das Kind stottert.

Unter Anmerkungen ist einzutragen, welche Symptome der Redeflussstörung auftreten:

▷ Klonische Laut-, Silben- oder Wortwiederholungen
▷ Tonische Blockierungen

Hintergrund und Bedeutung für das Lernen in der Schule

Die Bedeutung der Sprachentwicklung als komplexer Verarbeitungsprozess ist unter Station 5.1 bereits beschrieben worden.

Stottern

Stottern ist eine Redeflussstörung. Die Störung beginnt meistens im Verlauf der Sprachentwicklung. Die im Vorschulalter auftretenden altersphysiologischen Ungeschicklichkeiten können sich durch vielerlei Faktoren (z. B. Stresserlebnisse bei den Sprechversuchen, personelle Belastungen etc.) manifestieren. Oftmals erleben die Betroffenen einen enormen Leidensdruck.
Unter Stottern versteht man, wenn beim Sprechen Symptome wie klonische Laut-, Silben- oder Wortwiederholungen (z. B. D-d-d-d-da) sowie tonische Blockierungen (z. B. Atempressungen zu Anfang eines Wortes) auftreten.
Stottern kann mit Poltern verwechselt werden. Polternde Kinder können bei Konzentration symptomfrei sprechen. Stotternde Kinder können dies nicht und stottern in angstbesetzten Situationen, bei Stress und Anspannung sogar deutlich mehr.

Hinweise für eine Förderung

Stottert ein Kind, ist unbedingt ein Logopäde oder u. U. auch ein Psychotherapeut zu Rate zu ziehen.

Station 5.4: Mengenvorstellungen

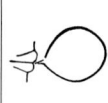

Mengeninvarianz
Stufe: 5
Material: Bauklötze
Übung: Das Kind beschreibt Mengen bzgl. ihrer Gleichheit.

Durchführung

Dem Kind werden in zwei parallelen Reihen je fünf Klötze mit gleichem Abstand innerhalb der Reihen gelegt. Das Kind soll sagen, ob in beiden Reihen gleich viele Klötze sind. Misstrauischen Kindern, die z. B. einen Trick vermuten, sollte in diesem Falle gesagt werden, dass man es weder täuschen möchte noch sich ein Trick hinter der Aufgabe verbirgt. Anschließend werden die Klötze der zweiten Reihe vor den Augen des Kindes weiter auseinandergezogen. Das Kind soll erneut sagen, ob in beiden Reihen gleich viele Klötze sind. Die zweite Gruppe von fünf Klötzen wird in einer völlig anders gearteten Weise vor den Augen des Kindes gruppiert. Noch einmal soll es sagen, ob in beiden Gruppierungen gleich viele Klötze sind. Es ist vom Beobachter sicherzustellen, dass sich das Kind nicht auf die Fläche bezieht, auf der die Klötze verteilt sind.

Für einige Kinder ist es leichter, wenn jede Reihe der Klötze auf einem eigenen weißen Blatt Papier liegt. Die Frage lautet dann: Sind auf dem Blatt gleich viele Klötze oder mehr oder weniger als auf dem anderen Blatt Papier?

Anweisung

Ich habe hier Klötzchen hingelegt. Sage mir, ob es gleich viele rote und blaue Klötze sind oder ob es von einer Farbe mehr oder weniger gibt.
Ich habe jetzt etwas verändert. Sage mir erneut, ob es gleich viele rote und blaue Klötze sind oder ob es von einer Farbe mehr oder weniger gibt.
Ich habe jetzt ein letztes Mal etwas verändert. Sage mir erneut, ob es gleich viele rote und blaue Klötze sind oder ob es von einer Farbe mehr oder weniger gibt.

Bewertung

Mengenvorstellungen:

100 %	Das Kind gibt an, dass es immer gleich viele Klötze sind.
50 %	Das Kind ist unsicher, entscheidet sich aber schließlich doch richtig oder kommt nur durch Zählen zu der Erkenntnis.
0 %	Das Kind gibt an, dass sich die Menge verändert hat.

Hintergrund und Bedeutung für das Lernen in der Schule

Diese Station prüft, ob das Kind eine Mengenvorstellung hat und von der Invarianz von Mengen weiß. Kinder mit einer entsprechenden Vorstellung geben immer an, dass es sich um gleich viele Klötzchen handelt, häufig mit einer Erklärung über die gesehene Handlung. Das Zählen der beiden Klötzermengen deutet auf das Übergangsstadium hin. Solange ein Kind keine Vorstellung der Invarianz von Mengen hat, kann es keinen Zahl- und Mengenbegriff aufbauen. Eine Zahlenfolge aufsagen zu können, ist kein Hinweis darauf, dass ein Kind einen Zahlbegriff und eine Mengenvorstellung hat. Die Mengeninvarianz baut sich normalerweise spontan im sechsten Lebensjahr auf mit einer Übergangszeit von sechs Wochen. Es gibt Theorien, die besagen, dass die Ausbildung der Mengeninvarianz auch nicht durch Förderung beschleunigt werden kann, bevor das Kind individuell die Reife dafür hat.

Hinweise für eine Förderung

Solange bei einem Kind noch keine Mengeninvarianz gegeben ist, sollte man grundsätzlich nicht mit Rechnen beginnen, sondern das Kind zählen lassen, insbesondere begleitet von Handlungen, wie Umschichten von Teilen, Perlen auffädeln, Rechenperlen einzeln weiterschieben etc.

III. Beobachtungsstationen

6. Intermodale Kodierung und Serialität

(6. Stufe)

Station 6.1: Intermodale Verbindung
➤ Vorlage 22

Station 6.2: Intermodale Verbindung
➤ Vorlage 23

Station 6.3: Visuelle Serialität
➤ Vorlage 24

Station 6.4: Visuelle Serialität
➤ Vorlage 25

Station 6.5: Akustische Serialität

Station 6.6: Akustische Serialität

Station 6.1: Intermodale Verbindung

Abruf optisch-akustisch: Bild mit Tier verbinden
Stufe: 6
Material: Vorlage 22 (Bildkarten mit Zeichnungen)
Übung: Kind soll sich Bilder merken, denen es Tiere zuordnen soll.

Durchführung

Dem Kind werden Zeichnungen vorgelegt, die angeblich von Tieren gezeichnet wurden. Der Beobachter fordert das Kind auf, sich zu merken, welches Tier welches Bild gezeichnet hat. Dies wird dem Kind dreimal gesagt. Bei den Wiederholungen soll etwas gezögert werden, damit das Kind die Möglichkeit hat zu sagen, wer dieses Bild gezeichnet hat. Danach wird die Vorlage weggenommen und dem Kind nacheinander das ausgeschnittene vierte, dritte, erste, fünfte und zweite Bild vorgelegt und das Kind gefragt, wer dieses Bild jeweils gezeichnet hat. Es ist wichtig, die Bilder ausgeschnitten dem Kind zu präsentieren, damit es sich nicht daran orientieren kann, wo das Bild auf dem Blatt war oder welche Zahl daneben stand, sondern sich wirklich das Bild einprägt. Das Kind kann darauf hingewiesen werden, dass es sich korrigieren oder ein Tier zweimal nennen kann. Erfolgt die Korrektur erst, nachdem schon ein weiteres Bild vorgelegt worden ist, wird nicht diese sondern die erste Nennung gewertet.
Es wird notiert, bei wie vielen Bildern das Kind nicht wusste, wer sie gezeichnet hat oder das falsche Tier genannt hat. Macht das Kind fehlerhafte Angaben, so ist zu notieren, was es zu welchem Bild gesagt hat.
Bei Station 6.1 und 6.2 ist zu beachten, dass diese nicht unmittelbar nacheinander gemacht werden sollten.

Anweisung

Tiere können zwar eigentlich nicht zeichnen, aber sie haben es versucht. Und hier siehst du jetzt, was dabei herausgekommen ist.
Das hat die Ente gezeichnet.
Auf das erste Bild wird gezeigt.
Das hat die Kuh gezeichnet.
Auf das zweite Bild wird gezeigt.
Das hat der Tiger gezeichnet.
Auf das dritte Bild wird gezeigt.
Das hat die Möwe gezeichnet.
Auf das vierte Bild wird gezeigt.
Das hat der Hund gezeichnet.
Auf das fünfte Bild wird gezeigt.
Es kann sich als sinnvoll erweisen nachzufragen, ob dem Kind die Tiere bekannt sind. Ist Deutsch nicht die Muttersprache und besitzt das Kind keine guten Deutschkenntnisse, kann man sich die Tiernamen in der Muttersprache des Kindes nennen lassen, eventuell von einem anderen Kind, das dieselbe Sprache spricht. Ist dies notwendig, sollte vor Durchführung der Übung eine größere Pause gemacht werden.
Und jetzt sage ich dir noch einmal, wer was gezeichnet hat. Versuche, es dir zu merken! Das hat die Ente gezeichnet, das hat die Kuh gezeichnet, das hat der Tiger gezeichnet, das hat die Möwe gezeichnet, das hat der Hund gezeichnet. Dazu zeigen Sie jeweils wieder auf das entsprechende Bild. Bevor Sie den Namen des Tieres sagen, zögern Sie jeweils ein bisschen – vielleicht möchte das Kind den Namen schon selber nennen. Wenn das Kind den Tiernamen nicht sofort weiß, sagen Sie ihn vor.
Machen wir es noch einmal gemeinsam: Das hat die Ente gezeichnet, das hat die Kuh gezeichnet, das hat der Tiger gezeichnet, das hat die Möwe gezeichnet, das hat der Hund gezeichnet. Dazu zeigen Sie wieder auf die entsprechenden Bilder und zögern erneut, bevor Sie die Tiernamen nennen, um dem Kind die Möglichkeit zu geben, den Namen zu sagen, falls es ihn schon behalten hat.

Überprüfung:
Okay, hast du dir alles gemerkt? Das will ich jetzt sehen.
Der Beobachter legt das vierte Bild vor und fragt das Kind:
Wer hat das gezeichnet? (Lösung: Möwe)
Der Beobachter legt das dritte Bild vor und fragt das Kind:
Wer hat das gezeichnet? (Lösung: Tiger)
Der Beobachter legt das erste Bild vor und fragt das Kind:
Wer hat das gezeichnet? (Lösung: Ente)
Der Beobachter legt das fünfte Bild vor und fragt das Kind:
Wer hat das gezeichnet? (Lösung: Hund)
Der Beobachter legt das zweite Bild vor und fragt das Kind:
Wer hat das gezeichnet? (Lösung: Kuh)

Bewertung

Intermodale Verbindung:

100 %	Das Kind wusste alle Tiere.
75 %	Das Kind wusste vier Tiere.
50 %	Das Kind wusste drei Tiere.
0 %	Das Kind wusste weniger als drei Tiere.

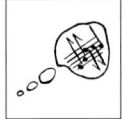

III. 6. Intermodale Kodierung und Serialität

Hintergrund und Bedeutung für das Lernen in der Schule

Diese Übung testet die Fähigkeit, Bilder mit Worten zu verknüpfen, wobei über die akustische Ebene die Information abgerufen wird. Es geht darum, ob es dem Kind gelingt, die Brücke vom Sehen zum Hören zu schlagen. Diese Fähigkeit braucht das Kind, wenn es beim Lernen von Buchstaben (oder Zahlen) die Verbindung zwischen dem Bild des Buchstabens und dem Klang des Lautes herstellen soll.

Hinweise für eine Förderung

Lautgebärden, Arbeiten mit Hinweiskarten (Piktogrammen) und sprachlichen Erläuterungen unterstützen eine intermodale Verarbeitung. Memotechniken, bei denen zu Bildern Geschichten erfunden werden, um darüber an die Reihenfolge der Bilder zu erinnern, verlangen eine intermodale Kodierung.

▶ **Vorlage 22 (Station 6.1)**

Vorlage 22 (Station 6.1)

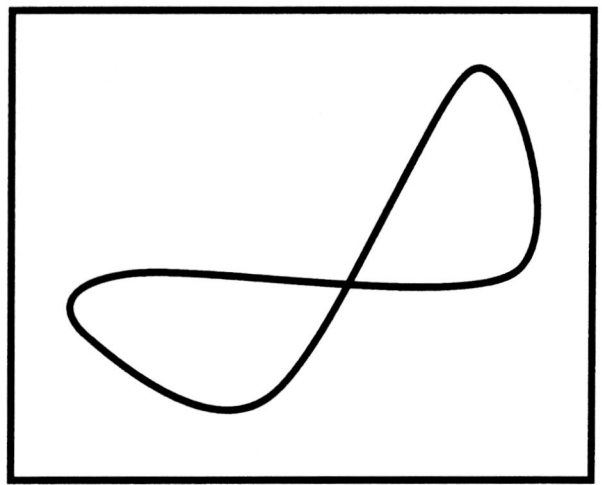
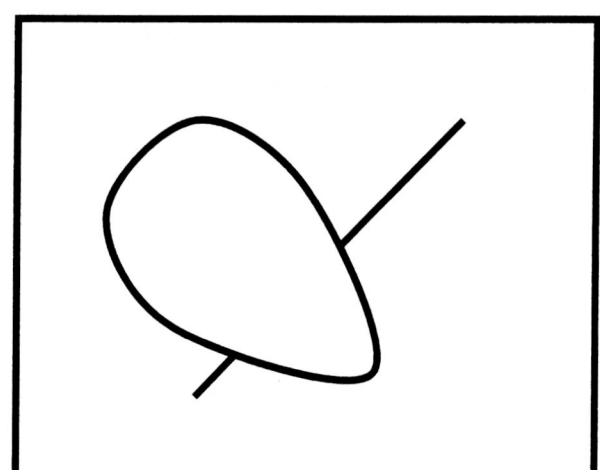
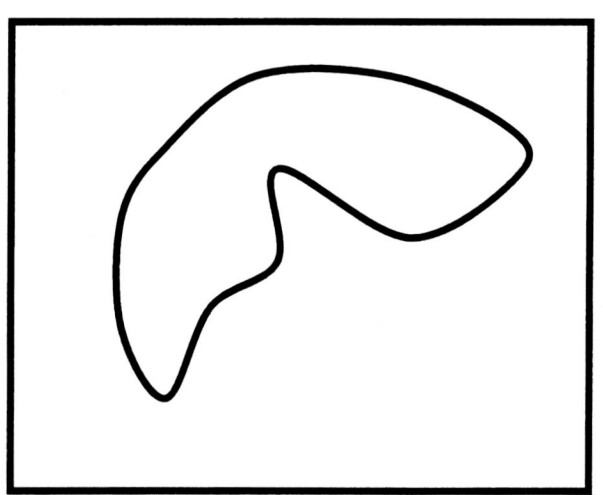
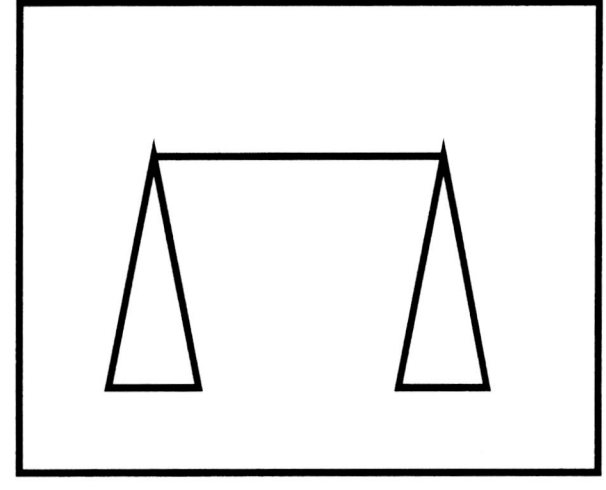
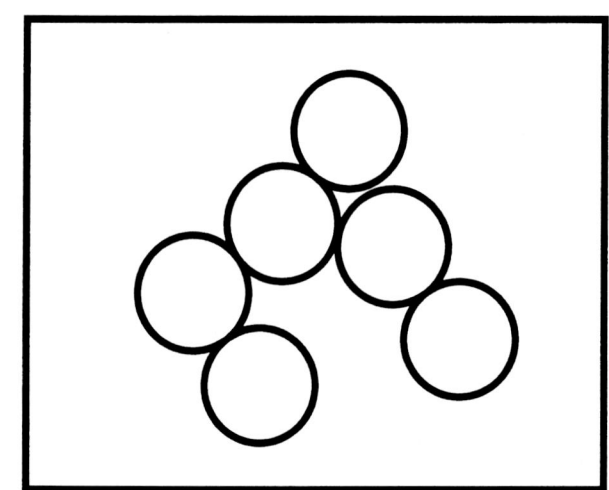

Station 6.2: Intermodale Verbindung

Abruf akustisch-optisch: Tiernamen mit Bild verbinden

Stufe: 6
Material: Vorlage 23
(Bildkarten mit Zeichnungen)
Übung: Kind soll sich Tiernamen merken, denen es Bilder zuordnen soll.

Durchführung

Dem Kind werden wie bei Station 6.1 Zeichnungen vorgelegt, die angeblich von Tieren gezeichnet wurden. Der Beobachter fordert das Kind auf, sich zu merken, welches Tier welches Bild gezeichnet hat. Dies wird dem Kind dreimal gesagt. Bei den Wiederholungen soll etwas gezögert werden, damit das Kind die Möglichkeit hat, zu sagen, wer dieses Bild gezeichnet hat. Die Bilder werden ausgeschnitten und in anderer räumlicher Anordnung dem Kind präsentiert, damit sich dieses nicht daran orientieren kann, wo auf dem Blatt das Bild war und welche Zahl daneben stand, sondern sich wirklich das Bild eingeprägt hat. Dann wird das Kind gefragt, welches Bild der Hase, der Affe, die Taube, die Maus und die Katze gezeichnet hat. Benannte Bilder bleiben vor dem Kind liegen. Das Kind darf jedoch Bilder anders anordnen, während es Antworten gibt, jedoch nicht die ursprüngliche Anordnung herstellen. Das Kind kann darauf hingewiesen werden, dass es sich korrigieren kann oder auf ein Bild zweimal zeigen darf. Erfolgt die Korrektur jedoch erst, nachdem schon ein weiteres Bild erfragt worden ist, wird die erste Aussage gewertet. Der Beobachter muss sich gegebenenfalls überzeugen, ob dem Kind diese Tiere bzw. die Namen der Tiere vertraut sind. Für Kinder, deren Muttersprache nicht Deutsch ist und die noch Sprachschwierigkeiten haben, kann es sinnvoll sein, sich zunächst eine Übersetzung in die Muttersprache zu besorgen.
Es wird notiert, bei welchen Tieren das Kind nicht wusste, welches Bild von dem entsprechenden Tier gezeichnet wurde.
Bei Station 6.1 und 6.2 ist zu beachten, dass diese nicht unmittelbar nacheinander gemacht werden sollten.

Anweisung

Tiere können nicht zeichnen, sie haben es aber versucht. Und hier siehst du jetzt, was dabei herausgekommen ist.

Das hat der Affe gezeichnet.
Auf das erste Bild wird gezeigt.
Das hat die Maus gezeichnet.
Auf das zweite Bild wird gezeigt.
Das hat der Hase gezeichnet.
Auf das dritte Bild wird gezeigt.
Das hat die Taube gezeichnet.
Auf das vierte Bild wird gezeigt.
Das hat die Katze gezeichnet.
Auf das fünfte Bild wird gezeigt.
Anmerkungen hierzu bitte bei Station 6.1 nachlesen.
Und jetzt sage ich dir noch einmal, wer was gezeichnet hat. Versuche, es dir zu merken!
Das hat der Affe gezeichnet, das hat die ...
Dazu zeigen Sie jeweils wieder auf das entsprechende Bild. Bevor Sie den Namen des Tieres sagen, zögern Sie jeweils ein bisschen – vielleicht möchte das Kind den Namen schon selber nennen. Wenn das Kind den Tiernamen nicht sofort weiß, sagen Sie ihn vor.
Machen wir es noch einmal gemeinsam: Das hat der Affe gezeichnet, das hat die Maus gezeichnet, das hat der Hase gezeichnet, das hat die Taube gezeichnet, das hat die Katze gezeichnet. Dazu zeigen Sie wieder auf die entsprechenden Bilder (vgl. S. 86).
Überprüfung:
Okay, hast du dir alles gemerkt? Das will ich jetzt sehen.
Welches Bild hat der Hase gezeichnet?
 (Lösung: das dritte Bild)
Welches Bild hat der Affe gezeichnet?
 (Lösung: das erste Bild)
Welches Bild hat die Taube gezeichnet?
 (Lösung: das vierte Bild)
Welches Bild hat die Maus gezeichnet?
 (Lösung: das zweite Bild)
Welches Bild hat die Katze gezeichnet?
 (Lösung: das fünfte Bild)

Bewertung

Intermodale Verbindung:

100 %	Das Kind wusste alle Bilder.
75 %	Das Kind wusste vier Bilder.
50 %	Das Kind wusste drei Bilder.
0 %	Das Kind wusste weniger als drei Bilder.

Hintergrund und Bedeutung für das Lernen in der Schule

Die Bedeutung der intermodalen Kodierung ist unter Station 6.1 bereits beschrieben worden.

Hinweise für eine Förderung

Die Fördermaßnahmen sind ebenfalls unter Station 6.1 beschrieben worden.

▶ **Vorlage 23 (Station 6.2)**

Vorlage 23 (Station 6.2)

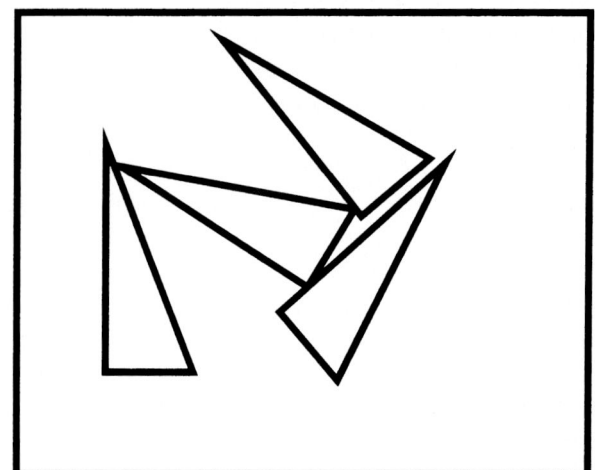
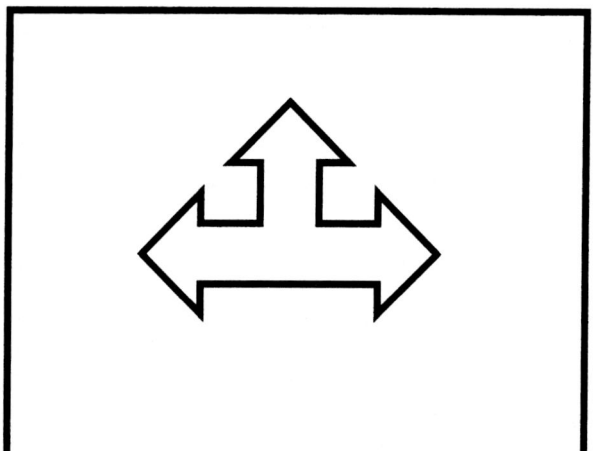
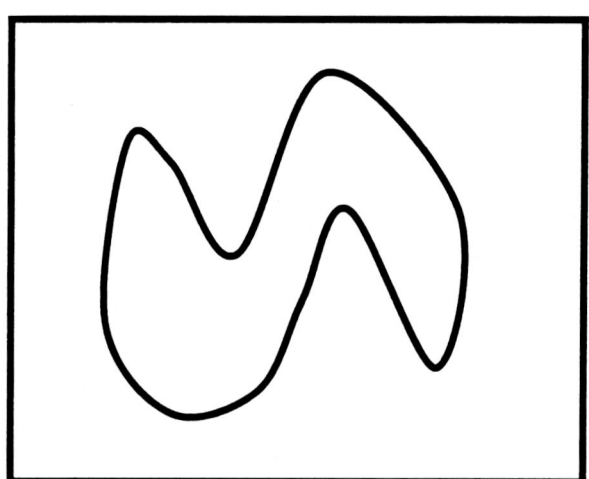
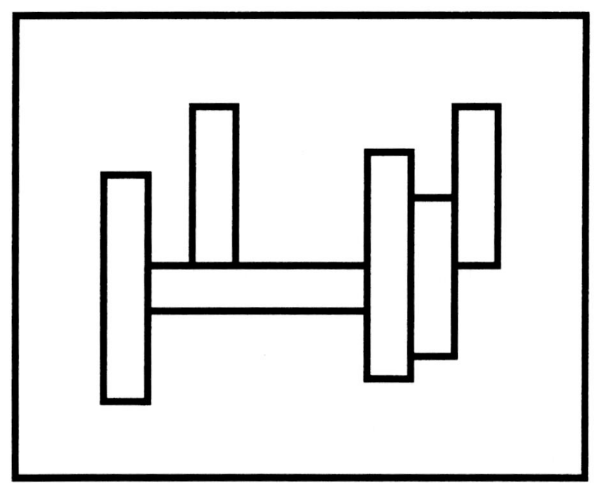
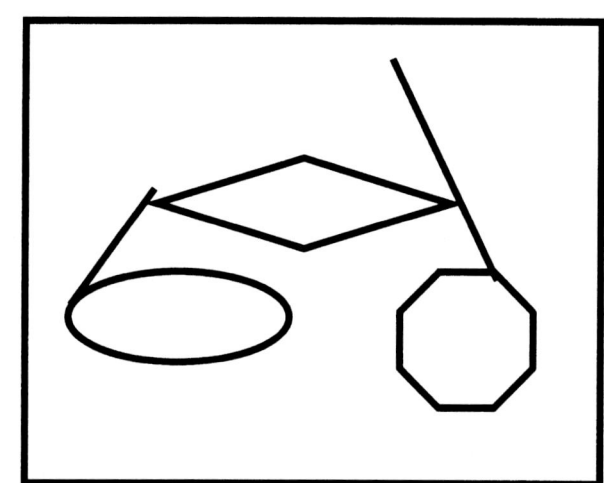

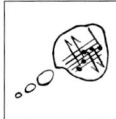

Station 6.3: Visuelle Serialität

Reihen mit sinnvollen Bildern
Stufe: 6
Material: Vorlage 24 (Bildkarten)
Übung: Kind soll sich die Reihenfolge von Bildern merken.

Durchführung

Vor das Kind wird eine Reihe von Bildkarten vom Kind aus gesehen von links nach rechts gelegt. Es soll keine Systematik in die Reihe gebracht werden, wie z. B. zuerst das Auslegen von belebten und dann von unbelebten Dingen. Das Kind soll sich die Reihenfolge merken. Um zu verhindern, dass das Kind mitspricht und sich die Bilder durch Vorsagen und nicht durch Anschauen merkt, fordert man das Kind auf, die Zunge zwischen die Zähne zu stecken. Der Beobachter darf auf keinen Fall die Bilder benennen. Nachdem die Bilder ausgelegt sind, zeigt der Beobachter von links nach rechts wortlos auf die Bildkarten. Dann dreht er die Kärtchen ebenfalls von links nach rechts um und gibt dem Kind eine zweite Serie mit den identischen Bildkarten und fordert das Kind auf, sie an die richtige Stelle unterhalb der umgedrehten Bildkarten zu legen. Diese Stelle kann dem Kind veranschaulicht werden, indem man mit dem Finger auf die betreffende Stelle zeigt. Auf keinen Fall sollte für diese Demonstration ein konkretes Bild genommen werden. Die Reihenfolge, in der das Kind die Karten legt, ist beliebig. Sobald das Kind alle Kärtchen aufgelegt hat, fragt der Beobachter, ob sie so bleiben sollen. Dann dreht er alle Kärtchen der oberen Reihe wieder der Reihe nach um. Es ist sofort zu erkennen, wie viele Kärtchen das Kind richtig und wie viele Kärtchen es falsch gelegt hat.

Da es Kinder gibt, die Probleme mit der Körpermittellinienkreuzung haben, ist die Lage der Körpermittellinie zu den vorgelegten Bildpaaren durch einen senkrechten Strich im Bewertungsblatt einzutragen und gleichzeitig die Anzahl und der Ort der richtig gelegten Karten zu notieren. Gegebenenfalls kann man sich auch Notizen machen, welche Karten vertauscht worden sind.

Anweisung

Kennst du Memory-Spiele? Ich will so etwas Ähnliches mit dir spielen. Stecke die Zunge zwischen die Zähne. Ich zeige dir jetzt Bilder. Versuche dir genau zu merken, wo jedes Bild liegt.
Der Beobachter legt zunächst die Karten von links nach rechts aus, dann zeigt er wortlos von links nach rechts auf jede Karte, danach werden die Karten von links nach rechts umgedreht.
Du bekommst jetzt von mir genau solche Karten. Versuche, sie unterhalb meiner Karten an die richtige Stelle zu legen.

Bewertung

Visuelle Serialität:

100 %	Das Kind hat alle Karten an die richtige Stelle gelegt.
75 %	Das Kind hat sechs oder sieben Karten an die richtige Stelle gelegt.
50 %	Das Kind hat vier oder fünf Karten an die richtige Stelle gelegt.
0 %	Das Kind hat weniger als vier Karten an die richtige Stelle gelegt.

Hintergrund und Bedeutung für das Lernen in der Schule

Eine Grundvoraussetzung für jegliche Art des Lernens ergibt sich aus der Tatsache, dass unser Leben einen zeitlichen Ablauf hat. Eine Serie von Einzelerlebnissen findet in einer Reihenfolge statt. Nur wenn es uns gelingt, diese Reihenfolge richtig wahrzunehmen und zu behalten, ist es möglich, vorauszuplanen und Handlungen zu koordinieren. Beim Erlernen des Schreibens muss ein Kind sich die Reihenfolge von Buchstaben merken, um ein Wort richtig zu schreiben oder die Reihenfolge der Zahlen, um richtig rechnen zu können. Viele Rechenoperationen bestehen aus einer Reihe von Rechenschritten, die nacheinander ausgeführt werden, wie beispielsweise beim Rechnen mit Zehnerübergang oder beim Multiplizieren mehrstelliger Zahlen. Diese Übung testet die Fähigkeit, Reihenfolgen visuell wahrzunehmen und zu behalten. Gleichzeitig können die Stellen, an denen Bilder falsch gelegt werden, Hinweise geben, wo Fehler auftreten können (z. B. im Bereich der Körpermittellinienkreuzung, am Anfang, in der Mitte oder am Ende von Wörtern oder bei Rechenaufgaben).

Hinweise für eine Förderung

Memory-Spiele helfen bei der seriellen visuellen Wahrnehmung. Außerdem finden sich eine Reihe von Übungen in dem Buch „Hurra, ich kann's. Frühförderung für Vorschüler und Schulanfänger." (SEDLAK/SINDELAR 1995) Eine sprachliche Begleitung der Bilder erhöht die Möglichkeit des Erinnerns. Silbenbögen helfen, Einheiten wahrzunehmen und dadurch die Anzahl der zu merkenden Elemente zu reduzieren.

▶ **Vorlage 24 (sinnvolle Bilder – Station 6.3)**

Vorlage 24 (Station 6.3)

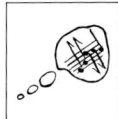

Station 6.4: Visuelle Serialität

Reihen mit sinnarmen Figuren
Stufe: 6
Material: Vorlage 25 (Bildkarten)
Übung: Kind soll sich die Reihenfolge von Bildern merken.

Durchführung

Vor das Kind wird eine Reihe von Bildkarten mit sinnarmen Figuren vom Kind aus gesehen von links nach rechts gelegt. Die Reihenfolge soll zufällig sein und keiner Systematik folgen. Der senkrechte Strich auf den Bildkarten zeigt die untere Kante an. Das Kind soll sich die Reihenfolge merken und zugehörige Bildkarten an die richtige Stelle unterhalb der umgedrehten Karten legen. Die Reihenfolge, in der das Kind die Karten legt, ist beliebig. Näheres zur Durchführung ist bei Station 6.3 nachzulesen.
Die Stationen 6.3 und 6.4 sollten nicht unmittelbar hintereinander gemacht werden.

Anweisung

Kennst du Memory-Spiele? Ich will so etwas Ähnliches mit dir spielen. Ich zeige dir jetzt Bilder. Versuche, dir genau zu merken, wo jedes Bild liegt.
Der Beobachter legt zunächst wortlos die Karten von links nach rechts vor dem Kind aus, dann zeigt er wortlos von links nach rechts auf jede Karte. Anschließend werden die Karten von links nach rechts umgedreht.
Du bekommst jetzt von mir genau solche Karten. Versuche, sie unterhalb meiner Karten an die richtige Stelle zu legen.

Bewertung

Visuelle Serialität:

100 %	Das Kind hat alle Karten an die richtige Stelle gelegt.
75 %	Das Kind hat sechs oder sieben Karten an die richtige Stelle gelegt.
50 %	Das Kind hat vier oder fünf Karten an die richtige Stelle gelegt.
0 %	Das Kind hat weniger als vier Karten an die richtige Stelle gelegt.

Hintergrund und Bedeutung für das Lernen in der Schule

Die Bedeutung für das Wahrnehmen und Merken visueller serieller Vorgänge für das Lernen in der Schule ist unter Station 6.3 erläutert. Die sinnarmen Figuren entsprechen für Kinder, die noch nicht lesen können, eher Buchstaben und damit sinnlosen Zeichen.

Hinweise für eine Förderung

Die Förderhinweise von Station 6.3 gelten auch hier.

▶ **Vorlage 25 (sinnarme Bildkarten – Station 6.4)**

Vorlage 25 (Station 6.4)

Station 6.5: Akustische Serialität

Reihen mit sinnvollen Wörtern
Stufe: 6
Material: –
Übung: Kind soll sich die Reihenfolge von Wörtern merken.

Durchführung

Dem Kind wird eine Reihe von Wörtern gesagt, die es nachsprechen soll. Der Mund des Beobachters sollte abgedeckt sein, so dass das Kind keine Hilfe von den Lippenbewegungen bekommen kann. In einem Tempo von etwa einem Wort pro Sekunde werden die Worte: „Heizung", „Baum", „Schrank" und „Tasse" gesagt. Dann wird das Kind aufgefordert, diese nachzusprechen. Dabei achtet der Beobachter darauf, a) wie viele Wörter das Kind gewusst hat und b) wie viele es an der richtigen Stelle gesagt hat. Erlaubt sind Nachfragen, ob es sich bei einem Wort um das erste oder letzte handelt oder ob erst „Schrank" oder erst „Baum" vorkam, wenn das Kind diese Wörter bereits gesagt hat.

Wenn das Kind Zahlen kann, kann man auch Karten mit Zahlen hinlegen, auf die das Kind zeigt, um anzuzeigen, an wievielter Stelle dieses Wort kam.

Für Kinder, deren Muttersprache nicht Deutsch ist und die Verständnisschwierigkeiten in der deutschen Sprache haben, kann man sich diese Wörter in ihre Muttersprache übersetzen lassen und die Aufgabe am nächsten Tag mit dem Kind durchführen.

Die Stationen 6.5 und 6.6 sollten nicht unmittelbar hintereinander durchgeführt werden.

Anweisung

Ich sage dir jetzt einige Wörter vor. Versuche, sie dir gut zu merken, und spreche sie mir dann nach:
„Heizung" „Baum" „Schrank" „Tasse".

Bewertung

a) Anzahl der vom Kind gewussten Wörter:

100 %	Das Kind hat alle Wörter gewusst.
50 %	Das Kind hat drei Wörter gewusst.
0 %	Das Kind hat weniger als drei Wörter gewusst.

b) richtige Reihenfolge der Wörter:

100 %	Das Kind hat alle Wörter an der richtigen Stelle gesagt.
50 %	Das Kind hat zwei Wörter an der richtigen Stelle gesagt.
0 %	Das Kind hat weniger als zwei Wörter an der richtigen Stelle gesagt.

Beispiel:
„Heizung", „Schrank", „Baum", „Tasse": zwei Wörter wurden an richtiger und „Schrank" sowie „Baum" an falscher Stelle genannt.

Hintergrund und Bedeutung für das Lernen in der Schule

Wie bei der visuellen ergibt sich auch bei der akustischen Serialität eine Grundvoraussetzung für jegliche Art des Lernens aus der Tatsache, dass unser Leben einen zeitlichen Ablauf hat. Beim Lernen werden viele Anweisungen und Erklärungen mündlich gegeben. Das Kind muss sich die Reihenfolge von mündlich benannten Arbeitsschritten merken, um Aufgaben und Anforderungen ausführen zu können. Der muttersprachliche Spracherwerb erfolgt ausschließlich über den akustischen Kanal. Sätze können nur gebildet werden, wenn Reihenfolgen gemerkt werden können. Beim Erlesen von Wörtern müssen die Reihenfolge der erkannten und mit einem Laut verbundenen Buchstaben gemerkt werden, um diese Laute anschließend zusammenschleifen zu können. Kinder mit sehr schlechten Ergebnissen haben oft Probleme mit dem Zusammenschleifen der Buchstaben, einfach weil sie die Buchstaben, die sie erlesen und mit einem Laut verbunden haben, schon wieder vergessen haben, bevor sie sie sprachlich zusammenziehen können. Sätze können jedoch nur gebildet werden, wenn Reihenfolgen gemerkt werden können. Diese Übung testet die Fähigkeit, Reihenfolgen akustisch wahrzunehmen und zu behalten, d. h. ob das Kind ein gutes Gedächtnis für Vorgesprochenes hat.

Hinweise für eine Förderung

Übungen, die die Aufmerksamkeit auf akustische Reize lenken, helfen bei der seriellen akustischen Wahrnehmung. Außerdem finden sich in dem Buch „Hurra, ich kann's. Frühförderung für Vorschüler und Schulanfänger." (SEDLAK/SINDELAR 1995) eine Reihe von Übungen. Die Technik, zu Aussagen Bilder zu assoziieren, erhöht die Möglichkeit des Erinnerns zum Beispiel von mehrteiligen Anweisungen oder vorgelesenen Geschichten. Das Arbeiten mit Silbenbögen hilft, Einheiten wahrzunehmen und dadurch die Anzahl der Elemente, die zu merken sind, zu reduzieren.

Mehrteilige Anweisungen kann man durch Bilder unterstützen bzw. das Kind anregen, sich Bilder zu den Anweisungen vorzustellen oder selber Karten mit Bildern zu Anweisungen für sich zu legen. Gegebenenfalls bittet man das Kind, dass es die Anweisungen wiederholt, bevor es mit der Ausführung beginnt.

Station 6.6: Akustische Serialität

Reihen mit sinnfreien Silben
Stufe: 6
Material: –
Übung: Kind soll sich die Reihenfolge von Silben merken.

Durchführung

Dem Kind wird eine Reihe von Silben gesagt, die es nachsprechen soll. Der Mund des Beobachters sollte abgedeckt sein, so dass das Kind keine Hilfe von den Lippenbewegungen bekommen kann. In einem Tempo von etwa einer Silbe pro Sekunde werden die Silben: „lis", „tux", „lap" und „mor" gesagt. Dann wird das Kind aufgefordert, diese nachzusprechen. Dabei achtet der Beobachter darauf, a) wie viele Silben das Kind gewusst hat und b) wie viele es an der richtigen Stelle gesagt hat.
Erlaubt sind Nachfragen, ob es sich bei einer Silbe um die erste oder die letzte handelt, oder ob erst „tux" oder „lis" vorkam, wenn das Kind diese Silben bereits gesagt hat.
Wenn das Kind Zahlen kann, kann man auch Karten mit Zahlen hinlegen, auf die das Kind zeigt, um anzuzeigen, an wievielter Stelle diese Silbe kam.
Die Stationen 6.5 und 6.6 sollten nicht unmittelbar hintereinander durchgeführt werden.

Anweisung

Ich spreche dir jetzt einige Unsinnswörter vor. Versuche, sie dir gut zu merken und sprich sie mir dann nach:
„lis" „tux" „lap" „mor".

Bewertung

a) Anzahl der vom Kind gewussten Silben:

100 %	Das Kind hat alle Silben gewusst.
50 %	Das Kind hat drei Silben gewusst.
0 %	Das Kind hat weniger als drei Silben gewusst.

b) richtige Reihenfolge der Silben:

100 %	Das Kind hat alle Silben an der richtigen Stelle gesagt.
50 %	Das Kind hat zwei Silben an der richtigen Stelle gesagt.
0 %	Das Kind hat weniger als zwei Silben an der richtigen Stelle gesagt.

Beispiel:
„lis", „lap", „tux", „mor": zwei Silben wurden an richtiger und „lap" sowie „tux" an falscher Stelle genannt.

Hintergrund und Bedeutung für das Lernen in der Schule

Die Bedeutung eines guten akustischen seriellen Gedächtnisses für das Lernen in der Schule ist bei Station 6.5 beschrieben. Der Fremdspracherwerb ist beispielsweise zuerst ein Erlernen sinnarmer Silben.

Hinweise für eine Förderung

Hinweise für eine Förderung sind ebenfalls der Station 6.5 zu entnehmen.

III. Beobachtungsstationen

7. Anweisungsverständnis und logisches Denkvermögen

(7. Stufe)

Station 7.1: Anweisungsverständnis

Station 7.2: Logisches Denken
➧ Vorlage 26

Station 7.1: Anweisungsverständnis

Tätigkeit nach mündlicher Anweisung
Stufe: 7
Material: Papier, Stifte
Übung: Das Kind malt nach Anweisung ein Bild.

Durchführung

Das Kind soll nach mündlicher Anweisung ein Bild malen. Dabei ist wichtig, dass das Kind genau den Anweisungen gemäß malt und nicht vorauseilt, eigenständige Abänderungen vornimmt oder in anderer Art und Weise von der Anweisung abweicht. Nach jedem Anweisungsteil wartet der Beobachter, bis das Kind diese Anweisung ausgeführt hat oder es zumindest versucht. Dann fährt der Beobachter mit der Anweisung fort.

Anweisung

Wir malen ein Bild! Mache dabei immer nur das, was ich dir sage. Nimm dir ein Blatt Papier. In der Mitte steht ein Haus mit drei Fenstern und einer Tür. Die Sonne scheint. Zwei Wolken sind am Himmel. Neben dem Haus auf einer Blumenwiese steht ein Baum.

Bewertung

Anweisungsverständnis:

100 %	Das Kind führt die Anweisungen in der vorgegebenen Reihenfolge aus.
75 %	Das Kind fragt nach weiteren Erklärungen, macht es dann aber selbstständig richtig oder bittet um Hilfe, die aber verbal gegeben ausreicht.
50 %	Das Kind greift vor, vergisst einen Teil zu malen, versteht zu einem Punkt die Anweisung nicht oder braucht in einem Punkt Hilfe durch Vormachen.
0 %	Das Kind ist nicht in der Lage, den Anweisungen Folge zu leisten.

Hintergrund und Bedeutung für das Lernen in der Schule

Mit dieser Aufgabe soll untersucht werden, wie gut das Kind mündliche Anweisungen, die mit dem Ohr wahrgenommen werden, analysieren und umsetzen kann. Mündliche Anweisungen werden im Klassenverband laufend gegeben. Diese Aufgabe verlangt dem Kind komplexe Fähigkeiten ab. Zunächst muss es akustisch die Anweisung aufnehmen und interpretieren sowie sie anschließend in Handlungsschritte umsetzen. Dabei ist eine komplexe Handlungsplanung und auch Arbeitstechnik von Nöten. Neben der Bewegungsplanung beim Ausführen der einzelnen Schritte ist auch die Handlungsplanung für den gesamten Ablauf bedeutungsvoll. Das Kind muss zunächst das Ziel des Arbeitsauftrages und die einzelnen Anweisungen, die auszuführen sind, verstehen. Es muss sich klar darüber werden, wie sie auszuführen sind, erkennen, wann sie abgeschlossen sind, kontrollieren, ob sie richtig bzw. sinnvoll ausgeführt sind etc. bis zur Endkontrolle, ob das Ziel erreicht ist. Diese Fähigkeit, Tätigkeiten zu gliedern und zu strukturieren, ihre Richtigkeit zu überprüfen und Anweisungen genau auszuführen, ist für jede Lerntätigkeit grundlegend. Die Probleme beim Anweisungsverständnis können eine Folge von Handlungsplanungsproblemen sein. Handlungsplanung setzt in der Regel eine sichere Bewegungsplanung voraus. Es muss genauer untersucht werden, ob die Probleme beim Anweisungsverständnis im Nicht-Erkennen des Ziels, in der Umsetzung der einzelnen Schritte zur Zielerreichung oder in der Kombination von beidem liegen. Ist die Handlungsplanung nicht oder nur eingeschränkt vorhanden, gelingt schulisches Lernen oft nur bedingt trotz ausreichender Intelligenz. Die Schüler wirken unkonzentriert, wenig anstrengungsbereit, sie geben scheinbar schnell auf und fallen häufig durch den Unterricht störende Aktivitäten auf (Schwatzen, Clownerien etc.). Sie benötigen viel Unterstützung, z. B. zusätzliche Erklärungen der Lehrkraft oder gucken bei Mitschülern ab.

Hinweise für eine Förderung

Das Kind benötigt viel Unterstützung, Ermutigung und Lob von der Lehrkraft. Gegebenenfalls müssen die Anweisungen kleinschrittig mit gleichzeitigem Vormachen gegeben und sprachliche Anweisungen durch Tätigkeiten und Bilder begleitet werden. Dies ist besonders wichtig, wenn das Kind zusätzlich eine Dyspraxie hat, die sich auf die Handlungsplanung auswirkt. Die Lehrkraft sollte sicherstellen bzw. sich vergewissern, ob das Kind weiß, was es tun soll. Deswegen sollte man das Kind öfter bitten, die Anweisungen zu wiederholen.

Station 7.2: Logisches Denken

Was gehört nicht dazu?
Stufe: 7
Material: Vorlage 26
Übung: Das Kind soll nicht passende Gegenstände aus einer Reihe heraussuchen und durchstreichen.

Durchführung

Das Kind soll aus einer Menge einen nicht dazugehörigen Gegenstand herausfinden. Dazu muss das Kind analysieren, welche logischen Gemeinsamkeiten die Gegenstände haben, sie in eine Kategorie einordnen und dann einen Gegenstand als nicht zu dieser Kategorie gehörig erkennen.
Als Hilfe kann man das Kind die Gegenstände benennen lassen, es gegebenenfalls fragen, was man damit macht. Wenn das Kind einen unerwarteten Gegenstand als nicht zugehörig angibt, sollte man sich grundsätzlich erklären lassen, warum dieser Gegenstand nicht zu den anderen gehört. Ist die Begründung des Kindes für die Auswahl logisch nachvollziehbar, ist die Antwort in jedem Fall als richtig zu werten.

Anweisung

Schaue dir alle Bilder an, die in der Reihe sind. Welches Tier/welcher Gegenstand passt nicht zu den anderen? Kannst du mir erklären, warum dies nicht zu den anderen passt?

Bewertung

Logisches Denken:

100 %	Das Kind löst alle Aufgaben richtig.
50 %	Das Kind hat bei bis zu zwei Aufgaben einen Fehler.
0 %	Das Kind hat bei mehr als zwei Aufgaben einen Fehler oder geht offensichtlich nach dem Zufallsprinzip vor.

Ist die Begründung des Kindes für die Auswahl logisch nachvollziehbar, ist die Antwort in jedem Fall als richtig zu werten.

Hintergrund und Bedeutung für das Lernen in der Schule

Wesentliche Unterrichtsinhalte beruhen auf der Fähigkeit, logisch zu denken.

Hinweise für eine Förderung

„Rätselaufgaben", die mit Logik zu lösen sind, fördern entsprechende Denkstrategien.

▶ **Vorlage 26 (Bildreihen – Station 7.2)**

Vorlage 26 (Station 7.2)

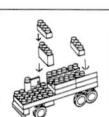

1 
2 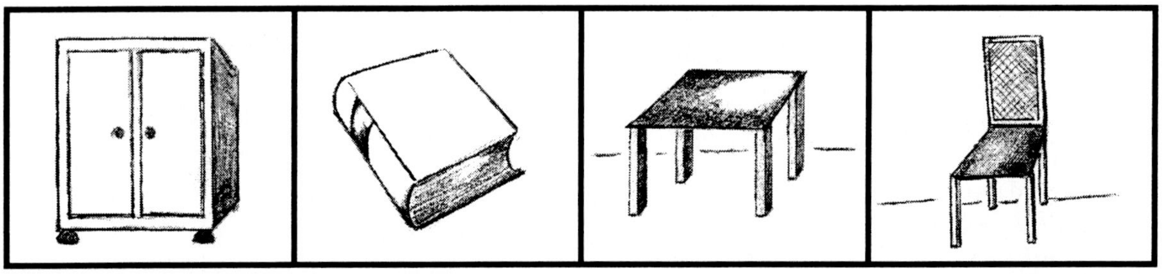
3 
4 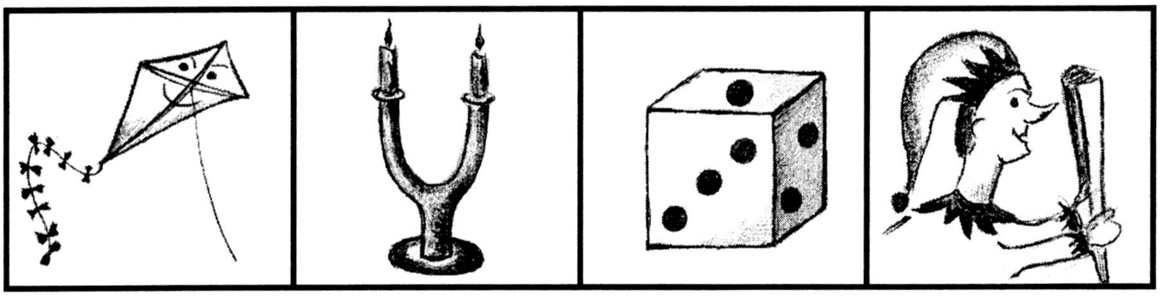
5 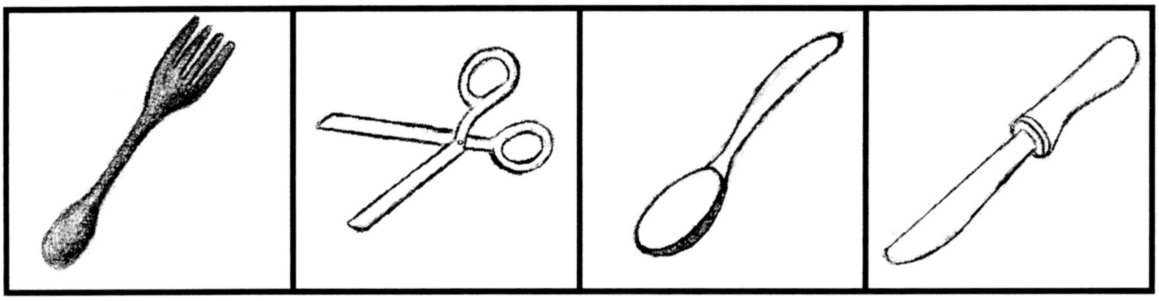
6

IV.
Beobachtungs- und Auswertungsbögen

1. Beobachtungsbögen für das einzelne Kind

2. Auswertungsbögen für eine Klasse

3. Auswertungsbogen der Förderbereiche für einzelne Kinder

Schüler/Schülerin: _____

Geburtsdatum: _____

Klasse: _____

Schule: _____

Lehrer/Lehrerin: _____

Beobachtungszeitraum: _____

1. Stufe
Seite 2/10

IV. 1. Beobachtungsbögen für das einzelne Kind   103

Körperbezogene basale Fähigkeiten

Station 1.1   **Auf Zehenspitzen stehen**

a) Gleichgewicht

0 %	25%	50 %	75%	100 %

Beobachtungen

b) Asymmetrien

0 %	25%	50 %	75%	100 %

Beobachtungen

Station 1.2   **Rückwärts gehen mit Drehung**

a) Vestibulär

0 %	25%	50 %	75%	100 %

Beobachtungen

b) Gleichgewicht

0 %	25%	50 %	75%	100 %

Beobachtungen

c) Asymmetrien

Fuß	links	rechts	gleich

Beobachtungen

d) Mitbewegungen

0 %	25%	50 %	75%	100 %

Beobachtungen

e) Handlungsplanung: Balancieren

0 %	25%	50 %	75%	100 %

Beobachtungen

f) Handlungsplanung: Drehung

0 %	25%	50 %	75%	100 %

Beobachtungen

Station 1.3   **Gewichte unterscheiden**

Propriozeptive Wahrnehmung

0 %	**25%**	**50 %**	75%	100 %

Beobachtungen

Körperbezogene basale Fähigkeiten

Station 1.4 **Berührungsorte am Körper erkennen**

a) Hand/Arm

0 %	25%	50 %	75%	100 %

Beobachtungen

b) ganzer Körper

0 %	25%	50 %	75%	100 %

Beobachtungen

Station 1.5 **Liegende Acht**

a) Augenmotorik

0 %	25%	50 %	75%	100 %

Beobachtungen

b) Auge-Hand-Koord./Präf.dominanz Hand

0 %	25%	50 %	75%	100 %
Hand	links	rechts	wechselnd	

Beobachtungen

Station 1.6 **Linien mit den Augen verfolgen**

Augenmotorik

0 %	25%	50 %	75%	100 %

Beobachtungen

2. Stufe
Seite 4/10

IV. 1. Beobachtungsbögen für das einzelne Kind

Körperkoordination und Feinmotorik

Station 2.1 **Balancieren**

a) Muskelanspannung/Präferenzdominanz Fuß

0 %	25%	50 %	75%	100 %
Hand	links	rechts	wechselnd	

Beobachtungen

b) Gleichgewicht

0 %	25%	50 %	75%	100 %

Beobachtungen

c) Handlungsplanung

0 %	25%	50 %	75%	100 %

Beobachtungen

Station 2.2 **Geldstücke auflesen**

a) Bilateralintegration/Präf.dominanz Hand

0 %	**25%**	50 %	**75%**	100 %
Hand	links	rechts	wechselnd	

Beobachtungen

b) Pinzettengriff

0 %	25%	50 %	**75%**	100 %

Beobachtungen

Station 2.3 **Ball fangen**

Bilateralität

0 %	25%	50 %	75 %	100 %

Beobachtungen

Körperschema, Körperkoordination und Feinmotorik

Station 2.4 **Hüpfen auf einem Bein**

a) Muskelspannung

0 %	25%	50 %	75%	100 %

Beobachtungen

b) Grobmotorik

0 %	25%	50 %	**75%**	100 %

Beobachtungen

c) Asymmetrien: Arme

0 %	25%	50 %	75%	100 %

Beobachtungen

d) Asymmetrien: Beine

0 %	**25%**	50 %	**75%**	100 %

Beobachtungen

e) Leistungsdominanz

Fuß	links	rechts

Station 2.5 **Linien nachzeichnen**

a) Auge-Hand-Koord./Präferenzdom. Hand

0 %	25%	50 %	75%	100 %
Hand	links	rechts	wechsel	

Beobachtungen

b) Graphomotorik

0 %	25%	50 %	75%	100 %

Beobachtungen

c) Bilateralintegration

0 %	25%	50 %	75%	100 %

Beobachtungen

d) Visuelle Figur-Grund-Wahrnehmung

0 %	25%	50 %	75%	100 %

Beobachtungen

Visuelle Wahrnehmung

Station 3.1 — **Umrisse erkennen**

Figur-Grund-Wahrnehmung

| 0 % | 25% | 50 % | **75%** | 100 % |

Beobachtungen

Station 3.2 — **Raum-Lage-Orientierung auf dem Papier**

a) Punkte

| 0 % | **25%** | 50 % | 75% | 100 % |

Beobachtungen

b) Kreuzung der Körpermittellinie

| 0 % | **25%** | 50 % | **75%** | 100 % |

Beobachtungen

c) Bilder

| 0 % | **25%** | 50 % | 75% | 100 % |

Beobachtungen

Station 3.3 — **Tisch und Ball in Beziehung setzen**

Raum - Lage - Wahrnehmung des eigenen Körpers im Raum

| 0 % | 25% | 50 % | 75% | 100 % |

Beobachtungen

☐ Version mit Aufforderungen: _____ %

Station 3.4 — **Versteckte Figuren**

Optische Gliederung

| 0 % | 25% | 50 % | 75% | 100 % |

Beobachtungen: Anzahl erkannter Figuren

Station 3.5 — **Sinnfreie Formen**

Optische Differenzierung

| 0 % | 25% | 50 % | 75% | 100 % |

Beobachtungen: Item der fehlerhaften Aufgaben

Akustische Wahrnehmung

Station 4.1 — **Wörter**

Lautdifferenzierung

| 0 % | **25%** | 50 % | **75%** | 100 % |

Beobachtungen: Ziffern der fehlerhaften Wortpaare

Station 4.2 — **Sinnfreie Silben**

Lautdifferenzierung

| 0 % | **25%** | 50 % | 75% | 100 % |

Beobachtungen: Ziffern der fehlerhaften Wortpaare

Station 4.3 — **Versteckte Wörter**

Akustische Gliederung

| 0 % | **25%** | 50 % | 75 % | 100 % |

Beobachtungen: Ziffern der fehlerhaften Worte

Station 4.4 — **Geschichte hören bei Störgeräuschen**

Figur-Grund-Wahrnehmung

| 0 % | 25% | 50 % | **75%** | 100 % |

Beobachtungen

☐ Version c: _____ %

Station 4.5 — **Rhythmus klatschen**

Rhythmische Differenzierung

| 0 % | **25%** | 50 % | **75%** | 100 % |

Beobachtungen

Sprachfähigkeit und Mengenvorstellungen

Station 5.1   **Lautbildungsfehler in der Sprache des Kindes**

Stammeln (Dyslalie)

| 0 % | **25%** | 50 % | **75%** | 100 % |

Beobachtungen: fehlerhaft gesprochene Laute

Station 5.2   **Dysgrammatismus**

a) Syntax

| 0 % | 25% | 50 % | 75% | 100 % |

Beobachtungen

b) Dysgrammatismus

| 0 % | 25% | 50 % | 75% | 100 % |

Beobachtungen

Station 5.3   **Stottern**

Stottern

| 0 % | **25%** | 50 % | **75%** | 100 % |

Beobachtungen

Station 5.4   **Mengeninvarianz**

Mengenvorstellungen

| 0 % | **25%** | 50 % | **75%** | 100 % |

Beobachtungen

Intermodale Kodierung und Serialität

6. Stufe Seite 9/10

Station 6.1
Intermodale Verbindung
0 % | **25%** | 50 % | 75% | 100 %

Abruf optisch-akustisch: Bild mit Tier verbinden

Beobachtungen: Anzahl der erinnerten Tiere

Station 6.2
Intermodale Verbindung
0 % | **25%** | 50 % | 75% | 100 %

Abruf akustisch-optisch: Tiernamen mit Bild verbinden

Beobachtungen: Anzahl der erinnerten Bilder

Station 6.3
Visuelle Serialität
0 % | **25%** | 50 % | 75% | 100 %

Reihen mit sinnvollen Bildern

Beobachtungen: Anzahl und Ort der richtig gelegten Karten

1   2   3   4   5   6   7   8

Station 6.4
Visuelle Serialität
0 % | **25%** | 50 % | 75% | 100 %

Reihen mit sinnarmen Figuren

Beobachtungen: Anzahl und Ort der richtig gelegten Karten

1   2   3   4   5   6   7   8

Station 6.5
a) Anzahl
0 % | **25%** | 50 % | **75%** | 100 %

Reihen mit sinnvollen Wörtern

Beobachtungen

b) Reihenfolge
0 % | **25%** | 50 % | 75% | 100 %

Beobachtungen

Station 6.6
a) Anzahl
0 % | **25%** | 50 % | **75%** | 100 %

Reihen mit sinnfreien Silben

Beobachtungen

b) Reihenfolge
0 % | **25%** | 50 % | 75% | 100 %

Beobachtungen

7. Stufe
Seite 10/10

IV. 1. Beobachtungsbögen für das einzelne Kind

Anweisungsverständnis und logisches Denken

Station 7.1   **Tätigkeit nach mündlicher Anweisung**

Anweisungsverständnis

| 0 % | **25%** | 50 % | 75 % | 100 % |

Beobachtungen

Station 7.2   **Was gehört nicht dazu?**

Logisches Denken

| 0 % | **25%** | 50 % | 75 % | 100 % |

Beobachtungen

IV. 2. Auswertungsbögen für eine Klasse

Seite 1/2

Schule
Kontakt

Körperbezogene basale Fähigkeiten

| Station 1.1a | Station 1.1b | Station 1.2a | Station 1.2b | Station 1.2c | Station 1.2d | Station 1.2e | Station 1.2f | Station 1.3 | Station 1.4a | Station 1.4b | Station 1.5a | Station 1.5b | Station 1.6 |

Körperkoordination und Feinmotorik

| Station 2.1a | Station 2.1b | Station 2.1c | Station 2.2a | Station 2.2b | Station 2.3 | Station 2.4a | Station 2.4b | Station 2.4c | Station 2.4d | Station 2.4e | Station 2.5a | Station 2.5b | Station 2.5c | Station 2.5d |

Name, J / M

Bitte beachten Sie: 0–25 % = schwarz   26–50 % = rot   51–75 % = gelb   76–100 % = grün

IV. 2. Auswertungsbögen für eine Klasse

Seite 2/2

Name	J/M	Visuelle Wahrnehmung						Akustische Wahrnehmung					Sprachfähigkeit und Mengenvorstellungen				Intermodale Kodierung und Serialität							Logisches Denken	
		Station 3.1	Station 3.2a	Station 3.2b	Station 3.2c	Station 3.3	Station 3.4	Station 3.5	Station 4.1	Station 4.2	Station 4.3	Station 4.4	Station 4.5	Station 5.1	Station 5.2a	Station 5.2b	Station 5.3	Station 5.4	Station 6.1	Station 6.2	Station 6.3	Station 6.4	Station 6.5a	Station 6.5b	Station 6.6a	Station 6.6b	Station 7.1	Station 7.2

Schule _____ Kontakt _____

Bitte beachten Sie: 0–25 % = schwarz   26–50 % = rot   51–75 % = gelb   76–100 % = grün

IV. 3. Auswertungsbogen der Förderbereiche für einzelne Kinder

Auswertung der Förderbereiche für den/die Schüler/-in: _____

Beobachtungszeitraum: _____ Klasse: _____ Schuljahr: _____

Lernvoraussetzungsbereich Wahrnehmungsverarbeitung fachunabhängige Lernvoraussetzungen	Einfluss der Stationsergebnisse	Großer Förderbedarf	Förderbedarf	Weitere Beobachtung erforderlich	Kein besonderer Förderbedarf
Propriozeption	1.3				
Vestibuläre Wahrnehmung	**1.1a**, 1.2a, 1.2b, 2.1b				
Taktile Wahrnehmung	1.4a, 1.4b				
Körpermittellinienkreuzung	2.2a, **2.3****, **3.2b**				
Bewegungs-/Handlungsplanung	**1.2e, 1.2f**, 2.1c, 2.3, 3.3				
Grobmotorik und Körperkoordination	1.1b, 1.2c, 1.2d, **2.1a**, 2.2a, **2.3, 2.4a, 2.4b, 2.4c**, *2.4d*, 2.4e, *2.5c*				
Feinmotorik	2.2b, *2.5b*				
Auge-Hand-Koordination	**1.5b**, 2.5a				
Augenmotorik	1.5a, 1.6				
Visuelle Wahrnehmung	2.5d, **3.1, 3.2a**, 3.2c, **3.3, 3.4, 3.5**				
Visuell-serielles Gedächtnis	6.3, 6.4				
Akustische Wahrnehmung	4.1, 4.2, 4.3***, 4.4*, 4.5				
Akustisch-serielles Gedächtnis	6.5a, 6.5b, 6.6a, 6.6b				
Intermodale Verarbeitung	6.1, 6.2				
Mengeninvarianz	5.4				
Sprache	5.1, 5.2a, 5.2b, 5.3*				
Logisches Denken, Anweisungsverständnis	7.1*, 7.2*				

fett = entscheidend für die Wertung / *kursiv* = Ergebnis kann zur höheren Einstufung des Förderbedarfs führen /
* hat eigene Wertung, da entweder keine Förderung möglich, aber Konsequenzen für den Unterricht oder es entsteht ein völlig andersartiger Förderbedarf als durch die übrigen Stationen / ** nur das Ergebnis, das aufgrund der Fänge mit der Mittellinienkreuzung zustande gekommen ist. / *** ob Förderbedarf entsteht, hängt vom Zeitpunkt der Untersuchung ab

Förderplan: _____

_____

Worauf ist im Unterricht zu achten: _____

_____

Elterngespräche, Datum: _____

Absprachen mit den Eltern: _____

Außerschulische Fördermaßnahmen: _____

V.
Förderung von Kindern

1. Förderpläne am Beispiel einzelner Kinder

    1. Schülerin Anna: Förderbedarf mit dem Schwerpunkt in der akustischen Wahrnehmung
    2. Schülerin Britta: Förderbedarf aus einer Kombination, die vor allem Bewegungsplanung, Körpermittellinienkreuzung, Bilateralität und taktile Wahrnehmung betrifft
    3. Schülerin Corinna: Förderbedarf mit dem Schwerpunkt in den körperbezogenen basalen Fähigkeiten
    4. Schüler Alexander: Förderbedarf mit dem Schwerpunkt in der Augenmotorik und der akustischen Gliederungsfähigkeit
    5. Schüler Benjamin: Förderbedarf aus einer Kombination der Raum-Lage-Wahrnehmung, Bilateralität und Körpermittellinienkreuzung
    6. Schüler Christof: Förderbedarf aus einer Kombination aus Mengeninvarianz und visueller Wahrnehmung
    7. Allgemeine Hinweise zur Förderung

2. Kriterien für einen Fördererfolg

3. Elterngespräche in der Schule

4. Elterngespräche in der Kindertagesstätte

1. Förderpläne am Beispiel einzelner Kinder

Auch bei optimaler Förderung kann nicht jedes Kind an seine potentielle Leistungsgrenze geführt werden, da manche Schwierigkeiten zu gravierend sind oder zu spät entdeckt oder erkannt werden. Die Förderung setzt dann zu spät ein. Sie sollten in jedem Fall verhindern, dass sie aufgrund einer Fehleinschätzung der Fähigkeiten und des Verhaltens weitere Schäden verursachen, indem sie ein Kind überfordern oder es ungerecht behandeln, indem sie eine Einsicht oder Leistung verlangen, die es aufgrund seiner eingeschränkten Fähigkeiten, Wahrnehmungen zu verarbeiten, nicht erbringen kann.

Da sich Auffälligkeiten bei der Beobachtung nicht unbedingt auf Lern-, Arbeits- und Sozialverhalten sowie den Erwerb der Lerninhalte auswirken müssen, gibt es auch unterschiedliche Konsequenzen und Förderansätze, je nach Zeitpunkt der Überprüfung.

Eine korrekte Stifthaltung entwickelt sich häufig erst im fünften Lebensjahr. Wird im Kindergarten eine auffällige Stifthaltung bemerkt, so sind besondere Übungen nicht nötig. Durch die normalen Angebote zur Feinmotorik entwickelt sich in der Regel die Drei-Punkt-Stifthaltung. Der Pinzettengriff muss aber mit 5 Jahren beherrscht werden.

Erfahrungsgemäß hat nur ein Teil der Kinder eine gute akustische Gliederungsfähigkeit, bevor sie zur Schule gehen. Eine Gliederungsfähigkeit im akustischen Bereich im Sinne einer Lautanalyse hat im vorschulischen Leben für die Kinder wenig Bedeutung, so dass sie sie dort wenig trainieren. Ein wesentlicher Bestandteil des Erstunterrichts ist genau dieses Training, so dass schlechte Ergebnisse zu Beginn eines ersten Schuljahres nicht unbedingt therapeutische Konsequenzen nach sich ziehen müssen, sondern meistens im Rahmen des Unterrichts als ein Teil dessen erlernt werden. Wenn derartige Schwierigkeiten im zweiten Halbjahr der ersten Klasse immer noch vorhanden sind, hat dies einen ganz anderen Wert. Dann ist zu befürchten, dass es sich hier eher um eine Wahrnehmungsschwäche mit erhöhtem Förderbedarf als um ein mangelndes Training handelt. Unabhängig davon hat es in beiden Fällen Konsequenzen für den Unterricht.

Erfahrungen aus anderen europäischen Ländern zeigen, dass Kinder im Alter von 4 bis 6 Jahren auch erfolgreich im Bereich der akustischen Wahrnehmung geschult werden können und damit der Schriftspracherwerb und die Lesefähigkeit früher ausgebildet werden und der Anteil von Kindern mit einer Lese-Rechtschreibschwäche deutlich verringert werden kann. Im deutschsprachigen Raum gibt es Ansätze der Förderung mittels des Würzburger Trainingsprogramms (KÜSPERT/SCHNEIDER 2002).

Die unten als Beispiel angeführten Schülerinnen und Schüler wurden zwischen der zweiten und der vierten Schulwoche im ersten Schuljahr beobachtet.

1.1 Schülerin Anna: Förderbedarf mit dem Schwerpunkt in der akustischen Wahrnehmung

Anna fällt durch deutliche Probleme in der akustischen Wahrnehmung auf. Sie hat beim Differenzieren von Wörtern (Station 4.1) eindeutig eine Lautunterscheidung nicht gehört. Es fällt auf, dass sie häufig sehr lange überlegt.

Anna hat bei der Lautdifferenzierung von sinnfreien Silben sechs Phoneme falsch differenziert (Station 4.2), offensichtlich besteht im Bereich der Vokale *i, e* und der Konsonanten, insbesondere der Doppelkonsonanten *dr, tr* eine Schwäche.

Bei der akustischen Gliederung (Station 4.3) gab sie nur wenig richtige Antworten, wobei auch diese eher wirkten, als seien sie zufällig richtig. Gleichzeitig musste zweimal nachgefragt werden, ob Anna weiß, welches Wort sie heraushören soll. Sie hatte es nach vier, fünf Worten vergessen.

Bei der akustischen Figur-Grund-Wahrnehmung (Station 4.4) fiel auf, dass Anna zwar Fragen zur Geschichte beantwortet, aber diese Antworten nicht zu der vorgelesenen Geschichte passen. Es ist deutlich geworden, dass Anna sich bemühte, der Aufgabe gerecht zu werden, aber offensichtlich die Geschichte nicht verstanden hat oder sich diese durch die zusätzliche Geräuschkulisse ganz schlecht merken konnte.

Beim Nachklatschen des Rhythmus (Station 4.5) brauchte Anna bei der Probe zweimal eine Wiederholung. Bei den Wertungsaufgaben schaffte Anna den Rhythmus beide Male im zweiten Versuch.

Beim Benennen der Bilder, um Lautbildungsfehler zu erfassen (Station 5.1), waren diese in der Spontansprache bei Doppelkonsonanten zu hören. Auf Korrektur hin gelang es ihr, diese korrekt zu sprechen, wenn sie auch vereinzelt drei bis vier Versuche benötigte.

Anna hat deutliche Probleme in der auditiv-seriellen Wahrnehmung (Station 6.5 und 6.6). Von den sinnvollen Wörtern konnte Anna sich drei merken, jedoch nicht in der richtigen Reihenfolge.

Bei den sinnfreien Silben konnte sie keine einzige wiedergeben. Sie gab insgesamt nur zwei Silben an, die eine gewisse Ähnlichkeit zu den vorgegebenen Silben hatten. Das heißt, sie hat deutliche Probleme, sich etwas Gehörtes zu merken. Wenn es sinnvoll für sie ist, dürfte die Erinnerung daran etwas besser sein.

Bei der intermodalen Kodierung (Station 6.1 und 6.2) hat Anna jeweils drei Angaben gewusst. Vermutlich hat sie stark über das visuelle Gedächtnis gearbeitet und sich möglicherweise die Tiere dazu vorgestellt. Annas Sprechprobleme, die bei Station 5.1 sichtbar wurden, sind möglicherweise die Folge der sehr schlechten akustischen Differenzierung. Anders ausgedrückt, Anna spricht, was sie hört und bei einigen Lauten hört sie keine Unterschiede.

Förderplan und Konsequenzen für den Unterricht

Dieses Ergebnis hat Konsequenzen für den Unterricht. Anna wird vermutlich größere Probleme haben, sich mehrteilige Anweisungen zu merken oder überhaupt Anweisungen zu verstehen, wenn in der Klasse Unruhe ist. Das heißt insbesondere, wenn verbale Anteile im Unterricht eine Rolle spielen, muss in der Klasse für absolute Arbeitsruhe gesorgt werden.
Für Anna ist es wichtig, dass die Aufmerksamkeit auf akustische Reize gelenkt und das Hören, Hinhören und Lauschen gefördert werden.
Gibt man mehrteilige Anweisungen, kann es Sinn machen, Anna zu bitten, die Anweisung zunächst zu wiederholen, bevor sie anfängt, sie umzusetzen oder die Anweisung durch Bilder, Piktogramme, die für bestimmte Anweisungsteile stehen, zu unterstützen. Mehrteilige Anweisungen können sein: Räumt euer Sprachbuch, das Heft und die Federtasche weg, holt euch euer Set und das Frühstück heraus und stellt euch für die Getränkeausgabe an.
Vermutlich ist es für Anna hilfreich, wenn das Hören von Buchstaben und Lauten durch Lautgebärden unterstützt wird. Wenn in der Klasse mit einer Anlauttabelle gearbeitet wird und sich bei Anna Probleme zeigen, was relativ wahrscheinlich ist, dann sollte bei ihr auf die Arbeit mit einer Anlauttabelle verzichtet oder nur mit einer geringeren Buchstabenauswahl gearbeitet werden. Da es erfahrungsgemäß leichter ist, Anlaute zu hören als Mittel- oder Endlaute, sollte man Anna lange Zeit das Hören von Anlauten üben lassen. Die erste Erweiterung sind dann die Endlaute. Gegebenenfalls ist auszuprobieren, ob Anna vorne oder hinten in der Klasse mehr mitbekommt. Ihr ist dann ein entsprechender Platz im Klassenraum zuzuweisen. Wegen ihrer Sprachprobleme sollte Anna, wenn Sprachheilunterricht an der Schule angeboten wird, an diesem teilnehmen.

Förderung außerhalb der Schule

Anna sollte einem Ohrenarzt vorgestellt werden, wo u. a. überprüft wird, ob eventuell eine frequenzabhängige Schwerhörigkeit vorliegt.
Es sollte geprüft werden, ob Anna eine logopädische Therapie bekommen kann. Es gibt auch spezielle Hörtrainingsprogramme, die Logopäden vereinzelt anbieten. In der Ausbildung zum Logopäden ist normalerweise auch diesem Bereich ein Teil des Lehrplans gewidmet.
Für die Elternberatung ist noch wichtig, dass Anna ihre Schularbeiten an einem ruhigen Arbeitsplatz macht. Das heißt, sie ist kein Kind, das bei den Schularbeiten Musik hören darf.

1.2 Schülerin Britta: Förderbedarf aus einer Kombination, die vor allem Bewegungsplanung, Körpermittellinienkreuzung, Bilateralität und taktile Wahrnehmung betrifft

Britta hat deutliche Probleme bei der Körpermittellinienkreuzung. Dies ist erkennbar an den Stationen 3.2b, 1.5a, 2.2a und 2.3.
Bei Station 3.2 schob sie das Arbeitsblatt so, dass sie die Körpermittellinie nicht kreuzen musste. Als das Blatt dann wieder an die vorgegebene Stelle geschoben wurde, rückte sie mit ihrem Körper zur Seite.
Als sie bei Station 1.5 den Daumen verfolgen sollte, war zu beobachten, dass insbesondere, wenn der Blick die Körpermittellinie kreuzte, d. h. an der Nase vorbei wanderte, die Augenbewegung zunächst anhielt und dann sprunghaft weiterging.
Beim Aufheben der Geldstücke (Station 2.2) fiel eine leichte Drehung des Körpers auf, so dass sie, obwohl sie immer dieselbe Hand benutzte, letztendlich nicht über die Körpermittellinie greifen musste.
Beim Fangen des Balls (Station 2.3) gelang es Britta nicht, den Ball zu fangen, wenn sie von oben und unten zufasste. Dies ist eine Bewegung, die eine Kreuzung der Körpermittellinie und eine unterschiedliche Bewegung mit beiden Körperhälften verlangt. Dass sie mit beiden Armen gleichzeitig keine unterschiedlichen Bewegungen ausführte, weist auf eine nicht voll ausgebildete Seitendifferenzierung hin.
Außerdem zeigt sich bei Britta eine leichte, evtl. schon deutlichere Dyspraxie, was sich an den Stationen 1.2, 2.1, 2.3 und 2.4 zeigt. Beim Rückwärtsbalancieren (Station 1.2) gelang Britta der Bewegungsablauf der Drehung nicht. Sie setzte beide Füße auf und setzte nacheinander die Füße um, so dass sie auf diese Art und Weise eine Drehung um 180° erreichte. Gleichzeitig waren deutliche Balancierbewegungen zu beobachten sowie mehrfache Schritte neben dem Balancierbalken, wobei die ausweichenden Schritte sowohl rechts wie auch links in etwa gleich verteilt waren. Es zeigten sich bei der Bewegung ansatzweise Verkrampfungen bei der rechten und linken Hand. Auch wurden die Arme beim Balancieren ungleichmäßig hoch gehalten.

Beim Bewegungsablauf fiel auf, dass Britta die Füße schräg aufsetzte, wodurch sie zusätzlich eine Kreuzung der Körpermittellinie mied und langsam und unsicher ging, die Füße stießen auch nicht aneinander. Sie benötigte viel Kontrolle durch die Augen, um ihre Füße überhaupt auf den Balken zu setzen.

Da über die Station 1.1 Gleichgewichtsprobleme im Wesentlichen ausgeschlossen werden können, sind ihre Schwierigkeiten beim Balancieren auf eine Problematik in der Bewegungsplanung und -ausführung zurückzuführen.

Bei Station 2.1, dem Balancieren über eine Langbank, stieg Britta mehrfach ab. Sie ging ansatzweise auf dem Vorderfuß und wollte sich ständig festhalten. Durch wiederholtes Motivieren konnte man sie überreden, die Aufgabe zu Ende durchzuführen. Die Bewegungen wirkten sehr ungelenk.

Britta fing den Ball (Station 2.3), indem sie ihn an den Körper zog. Manchmal griff sie auch daneben. Die Bewegung, um den Ball oben und unten zu fangen, setzte sie vor dem Wurf an. In dem Moment, wo der Ball geworfen wurde, gingen ihre Hände wieder zur Seite.

Britta hüpfte bei Station 2.4 nicht federnd und zeigte deutliche Ausgleichsbewegungen der Arme. Sie schaffte weniger Hüpfer als es ihrem Alter entspräche.

Bei den Stationen 6.3 und 6.4 hat Britta jeweils die Bilder, die im Bereich der Körpermittellinie liegen, vertauscht. Insofern können ihre schwachen Ergebnisse bei der seriell-visuellen Wahrnehmung darauf zurückgeführt werden, dass sie im Bereich der Körpermittellinie auch von der Augenmotorik her nicht gut über die Körpermittellinie hinaus arbeiten kann. Ihre Ergebnisse bei diesen Stationen sind möglicherweise auf diese Problematik und nicht auf ein schlechtes visuell-serielles Gedächtnis zurückzuführen.

Die Problematik von Augensprüngen im Bereich der Körpermittellinienkreuzung zeigt sich bei Station 1.5a und b sowie Station 1.6.

Britta hat außerdem Probleme, den Berührungsort zu erkennen, wenn die Reize auf beiden Körperseiten gesetzt werden (Station 1.4).

Förderplan und Konsequenzen für den Unterricht

Britta sollte im Unterricht häufig Übungen machen, bei denen sie Überkreuzbewegungen durchführen muss. Das können kleine Spiele zur Auflockerung und andere Bewegungsspiele sein, wobei darauf zu achten ist, dass Britta wirklich die Überkreuzbewegungen ausführt und nicht Ausgleichsbewegungen macht, um genau diese zu vermeiden.

Wenn sich ihre Dyspraxie auf die Handlungsplanung auswirken sollte, was wahrscheinlich ist, müssen für Britta kleinschrittige Anweisungen gegeben werden. Gegebenenfalls müssen diese jeweils so nacheinander gegeben werden, dass der nächste Schritt erst benannt wird, wenn sie den vorherigen Schritt ausgeführt hat.

Wenn die Möglichkeit besteht, sollte für sie Sonderturnen im Rahmen der Schule beantragt werden.

Beim regulären Sport sollte man sie verstärkt zu Bewegungen ermutigen. Sie könnte ermutigt werden, einen Hindernisparcours zu bewältigen, sich auf einem Trampolin oder auf einer Weichbodenmatte zu bewegen. Alle Bewegungen, die nicht automatisiert sind, bei denen sie Erfahrungen mit ihrem Körper machen kann, helfen ihr zu einer adäquateren sensomotorischen Verarbeitung.

Förderung außerhalb der Schule

Es kann hilfreich sein, wenn die Eltern auch weiterhin mit Britta Überkreuzbewegungen üben. Sofern Britta beim Sportunterricht eher eine aktive Zuschauerin ist und das Mitmachen vermeidet, sollte überprüft werden, ob eine Ergotherapie evtl. auch eine Psychomotoriktherapie sinnvoll ist.

Als Sportarten im Verein sind Judo, auch Jiu-Jitsu, Schwimmen, Reiten, Trampolinspringen, Gymnastik, Ballett, Kindertanz und TaiChi zu empfehlen.

1.3 Schülerin Corinna: Förderbedarf mit dem Schwerpunkt in den körperbezogenen basalen Fähigkeiten

Corinna hat deutliche Probleme in der propriozeptiven Wahrnehmung (Station 1.3), mit dem Gleichgewicht (Station 1.1) und der vestibulären Wahrnehmung (Station 1.2).

Bei der propriozeptiven Wahrnehmung (Station 1.3) hat sie zwei Stapel gebildet, einen mit den drei leichten und einen mit den beiden schweren Dosen. Die Dosen eines jeden Stapels nahm sie als gleich schwer wahr.

Beim Stehen auf Zehenspitzen (Station 1.1) hatte Corinna schon Schwierigkeiten, mit geöffneten Augen auf dem Vorderfuß zu stehen. In dem Moment, wo sie die Augen schloss, kippte sie nach vorne um, öffnete sofort die Augen und machte einen Ausfallschritt, um sich abzufangen.

Beim Rückwärtsgehen mit Drehung (Station 1.2) gelang ihr die Drehung überhaupt nicht. Beim Rückwärtsgehen selbst gelangen nur wenige Schritte, wobei sie mit dem ganzen Oberkörper versuchte, sich auszubalancieren, die Füße wurden nicht aneinandergesetzt und sie trat sehr häufig daneben, manchmal mehrfach, bevor sie mit einem Fuß auf dem Balken einen weiteren Schritt ansetzen konnte. Es ist eine ganz deutliche Dyspraxie mit Schwierigkeiten

in der Bewegungs- und voraussichtlich auch in der Handlungsplanung zu erkennen.
Corinna hat Schwierigkeiten mit der taktilen Körperwahrnehmung (Station 1.4).
Die Seitendifferenzierung (Station 2.3) ist nicht ausgebildet. Es gelang ihr, nur den Ball zu fangen, wenn sie ihn an die Brust zog und damit eine synchrone Bewegung mit beiden Armen machte.
Durch die zuvor beschriebenen Schwierigkeiten hat sie deutliche Probleme in der Grob- und Feinmotorik und in der Bewegungs- und Handlungsplanung. Die Probleme in der Grobmotorik zeigen sich bei Station 1.2 beim Rückwärtsgehen, bei Station 2.1 beim Balancieren über die Langbank und an Station 2.4 beim Hüpfen.
Außerdem ist Corinna kaum in der Lage, Auge und Hand koordiniert zu bewegen (Station 1.5). Jedes Mal, wenn sie bei der Aufgabe die Hand abwärtsbewegen musste, kippte ihr Daumen nach unten und sie versuchte, mit ihrem Körper zu folgen. Ihr gelang nicht, das Infinitalzeichen auszuführen, weil sie jedes Mal fast in eine Art Kopfstandhaltung geriet.
Sie hat Schwierigkeiten mit der Augenmotorik, was sich an den Stationen 1.5 und 1.6 bemerkbar machte.
Ihre Schwierigkeiten in der Feinmotorik zeigten sich beim Auflesen der Geldstücke (Station 2.2). Sie hatte Schwierigkeiten mit dem Pinzettengriff. Schwierigkeiten in der Feinmotorik zeigten sich auch im Bereich der Graphomotorik (Station 2.5). Sie arbeitete mit auffällig viel Druck und verließ häufig die Linie. Der Stift wurde zwischen den mittleren Fingergliedern von Zeige- und Mittelfinger gehalten. Der Daumen war darübergeklappt.
Die Schwierigkeiten bei der Orientierung des eigenen Körpers im Raum (Station 3.3) können Folge ihrer Bewegungsplanungsprobleme sein.
Ebenso ist denkbar, dass ihre Schwierigkeiten bei der Lautbildung (Station 5.1) die Folge von feinmotorischen Problemen im Bereich der Mund-, Zungen- und Wangenmuskulatur sind.

Förderplan und Konsequenzen für den Unterricht

Da Corinna große Schwierigkeiten zeigt, Anweisungen umzusetzen, Beobachtungen aus dem Unterricht bestätigen dies, scheinen ihre Bewegungsplanungsprobleme auch Handlungsplanungsprobleme nach sich zu ziehen.
Es ist wichtig, dass Corinna kleinschrittige Anweisungen gegeben und ihr ihre Ausführungen ggf. vorgemacht werden. Bei ihr wirkt sich die sehr deutliche Dyspraxie auf die Handlungsplanung aus.
Es sollten Bewegungsübungen mit Überkreuzbewegungen gemacht werden. Wenn die Möglichkeit besteht, sollte für Corinna in der Schule Sonderturnen angeboten werden. Beim regulären Sportunterricht sollte sie grundsätzlich zum Bewegen ermutigt werden. Dies kann beim Bewältigen eines Hindernisparcours oder z. B. auch beim Bewegen auf einer Weichbodenmatte oder einem Trampolin etc. geschehen. Ebenfalls hilfreich ist es, wenn Corinna Bewegungserfahrungen mit dem Tragen von unterschiedlich schweren Gegenständen und einem ganzkörperlichen Einsatz (z. B. Stühle hochstellen) ermöglicht werden. Obwohl Corinna, wenn sie etwas motorisch ausführen muss, eine sehr langsame Arbeiterin ist, kann es sehr hilfreich sein, sie zu bitten, Hefte oder Bücher zu verteilen, die Tasche für die Lehrkraft ins Lehrerzimmer zu tragen etc. Hierbei handelt es sich nicht um Bestrafungsaktionen, sondern um hilfreiche Reize, die Corinna fördern.

Förderung außerhalb der Schule

Corinna sollte bei einem sozialpädiatrischen Kinderzentrum oder einer Kinderklinik vorgestellt werden. Bei derart gravierenden Schwierigkeiten sollte sie unbedingt eine sensorische Integrationstherapie oder eine Psychomotoriktherapie bekommen. Ersatzweise ist auch eine ergotherapeutische Behandlung möglich, wenn die zuvor aufgeführten Therapien vor Ort nicht angeboten werden.
Hilfreich wird außerdem sein, wenn sie bei einem Sportverein für eine Sportart angemeldet wird, bei der sie ihren ganzen Körper bewegen muss. Individualsportarten oder Paarsportarten sind wesentlich besser geeignet als Mannschaftssportarten. Erfahrungsgemäß nehmen Kinder mit derart großen Bewegungsproblemen nicht aktiv am Spielgeschehen bei Mannschaftssportarten teil.
Gegebenenfalls ist zu überprüfen, ob Corinna kurzzeitig mit einer logopädischen Behandlung gefördert werden sollte. Dabei ist immer zu berücksichtigen, dass die therapeutischen Zusatzangebote nicht zu zeitintensiv sind, da Corinna für die Bewältigung ihres Alltags und auch der schulischen Anforderungen einen erhöhten Anstrengungsaufwand benötigt.

1.4 Schüler Alexander: Förderbedarf mit dem Schwerpunkt in der Augenmotorik und der akustischen Gliederungsfähigkeit

Alexander hat Augensprünge bzw. überschießende Augenbewegungen, was in Station 1.5 und 1.6 sichtbar wurde. Seine Schwierigkeiten bei der Augen-Hand-Koordination, beim Nachzeichnen von Linien (Station 2.5a), können möglicherweise dadurch erklärt werden.
Außerdem hat Alexander leichte Probleme in der akustischen Gliederungsfähigkeit (Station 4.3). Diese sind aber nicht ungewöhnlich, wenn Kinder kurz nach der Einschulung überprüft werden. Häufig lernen Kinder erst im ersten Schuljahr eine akusti-

sche Durchgliederung. Vorher hat sie in ihrem Leben wenig Bedeutung und von daher wird sie von den Kindern wenig geübt.

Förderplan und Konsequenzen für den Unterricht

Es ist für Alexander unbedingt wichtig, dass er Lesehilfen zur Orientierung auf einem Blatt bekommt. Dies kann dadurch geschehen, dass er mit einer Schablone arbeitet, aus der eine Ecke rausgeschnitten ist. Er schiebt sie von Wort zu Wort weiter. Er kann dann, sollten seine Augen wegspringen, die Stelle leichter wiederfinden, wo er zuletzt war. Es ist zu prüfen, ob evtl. auch ein Lineal unter der Zeile reicht. Ebenso kann er mit dem Finger Worte und Buchstaben verfolgen. Alexander sollte möglichst wenig von der Tafel abschreiben müssen, weil er dort entsprechende Hilfsmittel nicht einsetzen kann.
Wichtig sind Übungen zur okkularen Muskelkontrolle, ggf. sollte er etwas verstärkt Übungen zur akustischen Gliederung durchführen, wobei wahrscheinlich der normale Unterricht dafür ausreicht.

Förderung außerhalb der Schule

Es ist notwendig, etwas in Bezug auf die okkulare Muskelkontrolle zu unternehmen, ggf. können hier die Eltern mitarbeiten. Ansonsten muss man herausfinden, ob eine Sehschule, ein Psychomotoriktherapeut oder ein Ergotherapeut eine derartige Förderung durchführen kann. Dies ist bei einer Ergotherapie am unwahrscheinlichsten.

1.5 Schüler Benjamin: Förderbedarf aus einer Kombination der Raum-Lage-Wahrnehmung, Bilateralität und Körpermittellinienkreuzung

Benjamin hat große Probleme in der Raum-Lage-Wahrnehmung (Station 3.2 und 3.3). Bei dem Übertragen der Figuren im Punkteraster erkannte Benjamin, dass seine Versuche falsch sind, er radierte wiederholt und produzierte dann aber genau dasselbe wie zuvor, d. h. er war, obwohl er erkannte, dass etwas nicht stimmt, nicht in der Lage, die Bilder zu korrigieren.
Bei Station 3.3 kam er überhaupt nicht damit zurecht, wie er sich selber im Raum stellen soll. Verbal konnte er noch angeben, ob der Ball jeweils vor, hinter, neben, auf oder unter dem Tisch liegt.
Durch seine Schwierigkeiten in der Raum-Lage-Orientierung lassen sich möglicherweise auch seine Probleme in der visuell-seriellen Wahrnehmung erklären. Bei Station 6.3, den konkreten Bildern, vertauschte Benjamin die beiden Bilder, die im Bereich seiner Körpermittellinie liegen. Bei den abstrakten Bildern (Station 6.4) hatte er lediglich die beiden ersten richtig.
Auch seine Schwierigkeiten in der optischen Differenzierung (Station 3.5) sind möglicherweise Folge seiner Schwierigkeiten in der Raum-Lage-Wahrnehmung.
Seine Schwierigkeiten in der optischen Gliederung (Station 3.4) können ebenfalls Folge seiner Raum-Lage-Wahrnehmungsprobleme sein, ansonsten erschweren sie auch seine Raum-Lage-Wahrnehmung und alles, was zum visuellen Wahrnehmen von Details gehört.
Benjamin hat leichte Schwierigkeiten in der Auge-Hand-Koordination (Station 2.5a). Dies kann Folge der Raum-Lage-Probleme sein, aber auch Folge der Augenmotorik.
Bei Benjamin zeigen sich (Station 1.5) leichte Augensprünge, insbesondere im Bereich der Körpermittellinie. Die Bilateration ist bei ihm vermutlich nicht abgeschlossen. Dies zeigte sich, indem er seine beiden Körperhälften beim Ballfangen nicht unterschiedlich benutzen konnte (Station 2.3). Ihm gelang weder eine symmetrische noch eine asymmetrische Bewegung sicher. Benjamin wechselte beim Aufheben der Geldstücke vor der Körpermittellinie die Hand (Station 2.2).
Die Schwierigkeiten bei der Körpermittellinienkreuzung zeigten sich auch bei der Station 3.2b, wo Benjamin zunächst das Blatt zur Seite rückte. Nachdem es vom Beobachter wieder in die richtige Position geschoben worden war, drehte er seinen Körper, so dass er die Körpermittellinie nicht kreuzen musste. Außerdem versuchte er wiederholt, das Blatt zu drehen, um waagerechte Linien und Diagonalen zu vermeiden.
Eine Raum-Lage-Orientierung ist grundsätzlich erschwert, wenn eine Seitendifferenzierung nicht abgeschlossen ist. Mittels einer Differenzierung von rechts und links kann nämlich die Raum-Lage-Wahrnehmung in der horizontalen Achse parallel zum Gesichtsfeld durch den Körper verstanden und am eigenen Körper erfahren werden.

Förderpläne und Konsequenzen für den Unterricht

Benjamin sollte zunächst nicht mit Buchstaben arbeiten, da er durch seine Probleme in der Raum-Lage-Wahrnehmung Schwierigkeiten hat, sie korrekt zu schreiben.
Vorrangig sollten Übungen zur Raum-Lage-Wahrnehmung gemacht werden. Diese sollten aber nicht anhand von Inhalten der Lehrgänge durchgeführt werden, um ihm die Freude am Lesen, Schreiben und dem Lernen allgemein nicht zu verderben. Ebenso wenig sollte beim Rechnen nicht mit räumlichen Beziehungen gearbeitet werden. Sprachlich

wird durch den Vorgänger und Nachfolger auf einem Zahlenstrahl eine räumliche Beziehung angedeutet. Benjamin sollte viele Arbeitsmaterialien und Arbeitsblätter zur Raum-Lage-Wahrnehmung bekommen.

Ferner muss bei Benjamin überprüft werden, ob eine dominante Hand vorhanden ist. Dann sollte man ihn konsequent mit dieser arbeiten lassen.

Mit Überkreuzbewegungen kann die Körpermittellinienkreuzung gefördert werden.

Förderung außerhalb der Schule

Zunächst ist es wichtig zu überprüfen, ob die Bilateration abgeschlossen ist. Dies können sowohl Kinderärzte als auch pädiatrische Zentren feststellen. Wenn dies nicht der Fall ist, sollte Benjamin auf jeden Fall mit Psychomotorik, ersatzweise mit Ergotherapie behandelt werden. Wenn die Bilateration abgeschlossen ist, können unter Umständen Psychomotorik oder Ergotherapie auch noch hilfreich sein. Ob und welche Therapie durchgeführt werden sollte, ist im Einzelfall zu prüfen.

Gegebenenfalls könnte für die Eltern eine Arbeitsmappe mit Arbeitsblättern zur Raum-Lage-Wahrnehmung zusammengestellt werden, die Benjamin dann zu Hause bearbeitet.

1.6 Schüler Christof: Förderbedarf aus einer Kombination aus Mengeninvarianz und visueller Wahrnehmung

Bei Christof ist die Mengeninvarianz noch nicht ausgebildet (Station 5.4).

Christof hat weiterhin Probleme in der Figur-Grund-Wahrnehmung (Station 3.1). Er musste häufig sehr lange überlegen, bevor er Bilder erkennt. Er benannte auch einige nicht oder erkannte nur Teile eines Bildes. Außerdem hatte Christof Schwierigkeiten in der optischen Gliederungsfähigkeit, auch eine Station, die eng mit der Figur-Grund-Wahrnehmung zusammenhängt (Station 3.4). Christof hat ebenfalls Probleme bei der visuell-seriellen Wahrnehmung (Station 6.3 und 6.4).

Beim Rückwärtsgehen (Station 1.2) zeigten sich bei Christof Bewegungsunsicherheiten, die aber nicht auf Gleichgewichtsprobleme zurückzuführen sind, da er bei Station 1.1 keinerlei Gleichgewichtsprobleme gezeigt hat. Rechenprobleme und Schwierigkeiten beim Rückwärtsgehen treten häufig zusammen auf.

Förderpläne und Konsequenzen für den Unterricht

Mit Christof sollte nicht gerechnet werden, bevor die Mengeninvarianz ausgebildet ist. Eventuell sollte seine visuell-serielle Wahrnehmung gefördert werden. Unter Umständen gibt sich dieses Problem durch den normalen Unterricht auch von alleine.

Für Christof ist es wichtig, dass er aufgeräumte Arbeitsplätze und eine saubere Tafel hat. Je größer die Unordnung ist, umso mehr werden sich seine Probleme in der Figur-Grund-Wahrnehmung und der optischen Gliederungsfähigkeit leistungsmindernd auswirken.

Eine Förderung außerhalb der Schule ist vermutlich nicht nötig.

1.7 Allgemeine Hinweise zur Förderung

Wenn in diesem Buch von Förderung gesprochen wird, ist damit nicht gemeint, dass die Kinder ein systematisches Training bekommen sollen. Eine Förderung bedeutet vielmehr, dass den Kindern Angebote gemacht werden, bei denen sie die notwendigen Fertigkeiten erwerben können. Dies kann zum Teil im normalen Angebot von Kindergarten und Schule geschehen. Eine Therapie mit spezieller Förderung ist erst dann notwendig, wenn die Kinder die Angebote nicht annehmen oder die Anstrengung vermeiden.

Eine weitere Frage beschäftigt häufig Eltern, wann die Förderung von motorischer Verarbeitung durch eine Psychomotoriktherapie, eine sensorische Integrationstherapie, eine Ergotherapie oder Krankengymnastik notwendig wird und wann ein Verein ausreichend ist. In schweren Fällen, d. h. wo basale körpereigene Wahrnehmungsprozesse aus Stufe 1 und 2 in schwerer Form nicht ausgebildet sind, eine Seitendifferenzierung weder angebahnt noch abgeschlossen ist, die taktile Wahrnehmung massiv gestört ist und das Kind nur einen Sinn zur Zeit verarbeiten kann, sollte eine sensorische Integrationstherapie durchgeführt werden.

Für Kinder, die nicht so schwer betroffen sind, ist immer dann ein Verein ausreichend und hilfreich, wenn das Kind die Angebote dort annimmt und nicht als aktiv Zuschauender die Stunde verbringt, d. h. solange ein Kind in der Gruppe eingebunden ist und die Bewegungsangebote nutzt, ist der Verein, zumal er meistens leichter zu erreichen und zu organisieren ist, eine in der Regel ausreichende Alternative.

Wenn sich jedoch beim Kind schon Sekundärschäden, nämlich Vermeidungsverhalten, Angstreaktionen oder ein derart problematisches Verhalten ausgebildet hat, dass es in einer normalen Gruppe nicht zum Mitmachen kommt, müssen therapeutische Angebote gesucht werden, ebenso, wenn das Kind sich gegenüber Gleichaltrigen geniert, die scheinbar alles viel besser können.

2. Kriterien für einen Fördererfolg

1. Die Ergebnisse sind bei einer Wiederholung der Beobachtungen nach sechs Monaten signifikant besser.
Eine Wiederholung der standardisierten Beobachtungsstationen empfiehlt sich vor allem dann, wenn die Förderung nicht in der Schule stattfindet.

2. Die angebotenen Aufgaben und Arbeitsblätter werden erfolgreich bearbeitet.
Dabei ist es wichtig, dass das Kind nicht nur in der Lage ist, sicher Aufgaben der gleichen Schwierigkeit zu bewältigen, sondern sich auch mit Zuversicht und Aussicht auf Erfolg an die Aufgaben mit dem nächsthöheren Komplexitäts- und Schwierigkeitsgrad heranwagt. Am Ende sollen die angebotenen Arbeitsmaterialien im Komplexitätsgrad der Diagnosesituation gleichen. Bedenken Sie bitte, dass Sie erst dann bei einem Kind mit dem regulären Unterricht in einem defizitären Bereich beginnen sollten, wenn es sich die wesentlichen Lernvoraussetzungen – oder ein Großteil von ihnen – erarbeitet hat oder sie sicherstellen, dass das Kind die notwendige Unterstützung erfährt. Ein früherer Unterricht birgt die Gefahr einer Verschlimmerung der Problematik (wie im „Teufelskreis Lernstörungen" von Betz/Breuninger 1990 dargestellt). Da es jedoch auch Kinder gibt, die sich trotz unzureichender Lernvoraussetzungen die Lehrgänge erarbeiten können, empfiehlt es sich, ihnen von Zeit zu Zeit den regulären Unterrichtsstoff anzubieten und genau zu beobachten, wie sie damit umgehen.

3. Fördererfolg hat sich dann eingestellt, wenn ein Kind sich aus eigenem Antrieb Arbeitsblätter aus dem regulären Unterrichtsmaterial sucht, selbst wenn es die leichtesten sind und selbst wenn es die Aufgaben nicht vollständig bewältigt.
Beispiel: Ein Kind mit Problemen bei der Lautdiskriminierung versucht, mit der Anlauttabelle zu arbeiten.
Bitte versuchen Sie dann nicht, dem Kind in der üblichen Weise zu helfen, sondern loben Sie es und bieten Sie bei Misserfolg weiteres Fördermaterial an.

4. Als wichtiges Kriterium für die Qualität des Unterrichts – und nicht nur der Förderung – kann angesehen werden, dass ein Kind sich Aufgaben holt, die an seiner oberen Leistungsgrenze bzw. leicht darüber liegen. Mit anderen Worten: Wenn es sich selbst Aufgaben sucht, bei denen es sich anstrengen muss.
Dieses Verhalten eines Kindes kann auch Aufschluss darüber geben, wie realistisch die Selbsteinschätzung ist.

5. Im Kindergarten ist ein Kriterium für erfolgreiche Förderung, dass ein Kind sich immer wieder Aufgaben sucht oder von ihnen Angebote verlangt, in Bereichen, in denen es einen Förderbedarf hat. Es kann sich immer wieder Aufgaben desselben Typs suchen und sie exzessiv ausführen bis es sie sicher beherrscht. Dann wird es sie einstweilen nicht mehr anrühren.

3. Elterngespräche in der Schule

In der Praxis hat sich ein dreistufiges Vorgehen bewährt. Im ersten Schritt wird den Eltern die geplante Beobachtung hinsichtlich der sensomotorischen Verarbeitung ihrer Kinder vorgestellt.

Auf einem Elternabend vor Schulbeginn können Sie den Eltern erklären, welche Lernvoraussetzungen für welches Lernen, Arbeits- und Sozialverhalten in der Schule benötigt werden und welche Konsequenzen fehlende Voraussetzungen haben können. Dabei können den Eltern durchaus einzelne Beobachtungsaufgaben gezeigt werden. Den Eltern sollten aber keine Aufgaben vorgeführt werden, bei denen Sie die Fähigkeit zur Bewegungs- und Handlungsplanung beobachten wollen. Da Eltern in der Regel möchten, dass ihre Kinder gut sind, gibt es Eltern, die dann mit ihren Kindern diese Aufgaben üben. Die Kinder haben dann ein antrainiertes Bewegungsmuster und Sie bekommen bei der Beobachtung falsche positive Ergebnisse. Dadurch wird für das Kind die Chance einer notwendigen Förderung vertan.

Erläutern Sie den Eltern, dass Sie die Kinder gezielt beobachten werden, um sie dort abzuholen, wo sie sich mit ihren Fähigkeiten befinden. Die Lernvoraussetzungen haben Konsequenzen für den Unterricht. Es ist wichtig, den Eltern deutlich zu machen, dass es sich nicht um ein Screening-Verfahren handelt, also ein Verfahren, was gezielt nach möglichen Schwächen der Kinder sucht, um sie dann womöglich als nicht schulreif auszusortieren. Es handelt sich um eine Beobachtung, die der Lehrkraft hilft, den Unterricht so zu gestalten, dass jedes Kind optimal davon profitieren kann.

Bei der systematischen Beobachtung kann herauskommen, dass bei einzelnen Kindern andere Fachkräfte von den Eltern für eine genauere Abklärung der Schwierigkeiten des Kindes hinzugezogen werden sollten. Durch eine außerschulische Förderung kann diesen Kindern zu einem guten Schulstart verholfen werden und zusätzlich eine Unterstützung beim Lernen in der Schule geboten werden. Den Eltern sollte ein persönliches Gespräch über die Ergebnisse der Beobachtung angeboten werden, insbesondere wenn das Kind nicht über die optimalen Lernvoraussetzungen verfügt.

Der zweite Schritt ist die Beobachtung in der Schule, für die Sie u. U. Eltern als Unterstützung gewinnen können (s. Kapitel II).

Wenn Sie die Beobachtung abgeschlossen haben bzw. sehr gravierende Schwierigkeiten in den Stufen 1 und 2 bei einzelnen Kindern bemerkt werden, sollten Sie ein Elterngespräch führen. Je nachdem wie sicher Sie sich in der Materie fühlen, kann dieses Gespräch auch mit Eltern und Kind zusammen geführt werden. Dies ist durchaus sinnvoll, da es letztlich um das Kind geht. Ich habe in meiner Praxis auch noch keine Kinder erlebt, die nicht in der Lage waren, die Ergebnisse meiner Beobachtung und auch die daraus resultierenden Konsequenzen zu verstehen. Wenn die Kinder bei derartigen Besprechungen dabei sind, ist es in der Regel leichter, ihre Bereitschaft für Förderungen und zusätzliche Anstrengungen zu bekommen. Das Kind übernimmt dann auch Verantwortung für seinen eigenen Lernprozess.

Es hat sich bewährt, anhand der Unterlagen die vom Kind bearbeiteten Materialien und Ihre Notizen durchzugehen und den Eltern somit auch aufzuzeigen, wo das Kind schon über die Lernvoraussetzungen verfügt, so dass es eine gute Grundlage für die Schule hat. Die noch zu erwerbenden Voraussetzungen des Kindes sollten selbstverständlich ebenfalls dargestellt werden. Es muss verdeutlicht werden, an welchen Stellen eine schulische Förderung ansetzt, was Eltern unter Umständen tun können und was sie lassen sollten und inwieweit eine weitere Abklärung durch Ärzte, Mototherapeuten, Logopäden, Krankengymnasten etc. sinnvoll sein kann.

Wenn Sie mit einem Kind nicht an den Lehrgängen arbeiten, weil Sie noch verstärkt an den Lernvoraussetzungen arbeiten, sollten Sie dies auf jeden Fall den Eltern erklären. Aufgrund fehlender Informationen kann es sonst zu einer merkwürdigen Verschiebung kommen, indem die Eltern das Unterrichten übernehmen, weil die Lehrkräfte dies angeblich nicht tun. Sie können Eltern anhand und mittels des Themas Lernvoraussetzungen und Konsequenzen für das Unterrichten im Gespräch verdeutlichen, dass Sie in einer langen Ausbildung Profi für das Unterrichten geworden sind und aufgrund ihrer Fachkompetenz entscheiden, an welchen Stellen das Kind nun arbeitet. In Gesprächen, in denen man Eltern sagen muss, dass ihr Kind nicht perfekt ist, geraten Lehrkräfte leicht in eine Verteidigungs-, Kampf- oder Rechtfertigungsposition (der eigenen Professionalität). Dies geschieht sehr selten bei dieser Art Gespräch und hat Modellcharakter für nachfolgende Elterngespräche.

Es ist denkbar, Eltern schriftliche Informationen im Anschluss an das Gespräch zu geben. Diese können aber kein Gespräch ersetzen. Eltern werden durch eine ausschließlich schriftliche Information, beispielsweise in Form eines Formblattes, bei dem Förderbedarf angekreuzt wird, in der Regel eher beunruhigt oder verunsichert. Zum Teil werden sie auch ärgerlich auf Lehrkräfte, die angeblich etwas feststellen, was sie als Eltern oder auch die Ärzte nie festgestellt haben. Eine weitere Gefahr liegt darin, dass die Aufmerksamkeit nur auf die Schwächen des Kindes aber nicht auf seine Fähigkeiten gerichtet wird. Außerdem entstehen häufig Schuldgefühle bei Eltern, weil sie sich für die Schwierigkeiten in der Wahrnehmungsverarbeitung verantwortlich fühlen. Auch deshalb ist ein persönliches Gespräch wichtig, in dem Sie Eltern versichern können, dass in vielen Fällen überhaupt nicht bekannt ist, warum sich die sensomotorische Verarbeitung unterschiedlich gut entwickelt. Gleichzeitig können Sie nur in einem persönlichen Gespräch von den Eltern erfahren, ob ihre Beobachtungen zu den Erfahrungen der Eltern im alltäglichen Umgang mit dem Kind passen und welche erfolgreichen Wege und Lösungen Sie bei den Schwierigkeiten ihres Kindes gefunden haben.

Die Elterngespräche können nach einem halben Jahr wiederholt werden, um den Eltern über die Fortschritte und Veränderungen zu berichten. Auch ist es wichtig, dass Sie eine Rückmeldung bekommen, was andere Fachkräfte über das Kind herausgefunden haben. Außerdem sollten Sie erfahren, welche außerschulischen Maßnahmen für ein Kind laufen. Bei einigen Kindern lohnt es sich, diese Gespräche in kürzeren Abständen zu führen.

4. Elterngespräche in der Kindertagesstätte

Auch in der Kindertagesstätte sollten die Eltern auf einem Elternabend erfahren, welche Lernvoraussetzungen für welches Lernen, Arbeits- und Sozialverhalten in der Schule benötigt werden und welche Konsequenzen fehlende Voraussetzungen haben können. Dabei können durchaus den Eltern einzelne Beobachtungsaufgaben gezeigt werden. Bestimmte Aufgaben sollten Eltern aber nicht vorgeführt werden (vgl. dazu Kapitel V. 3).

Den Eltern wird erklärt, dass sich der Kindergarten bemüht, gezielt bei den Kindern, die im nächsten Jahr zur Schule kommen, die Voraussetzungen für einen erfolgreichen Schulstart zu schaffen. Dafür werden die Kinder zunächst systematisch beobachtet, in welchen Bereichen sie schon gut entwickelt sind und in welchen sie Förderbedarf haben. Im Kindergarten sollen sie dementsprechend eine Förderung bekommen, um den Einstieg in die Schule für sie optimal bzw. nicht unnötig schwer zu gestalten. Möglicherweise kann das Ergebnis einer solchen Beobachtung auch sein, dass andere Fachleute zur weiteren Klärung hinzugezogen werden müssen, um dem Kind frühzeitig eine ihm gemäße therapeutische Unterstützung zu ermöglichen.

Wichtig ist dabei, dass es nicht darum geht, Fehler, Schwächen und Mängel bei den Kindern herauszufinden, sondern sie zu unterstützen, dass sie die Schule, insbesondere die ersten Schuljahre, erfolgreich und leicht bewältigen können. Eine gezielte Förderung sollte in einem Alter beginnen, in dem diese aufgrund der Hirnentwicklung noch gute Chancen auf Erfolg hat.

Haben Sie die Beobachtung abgeschlossen, sollten mit den Eltern individuelle Gespräche geführt werden. Dabei können Sie nämlich auch das Augenmerk auf die Fähigkeiten der Kinder lenken, so dass Eltern nicht nur die Schwächen sehen. Nach meiner Erfahrung bemerken Erzieher sehr häufig, wenn mit einem Kind in der Motorik, der Sprache, der Feinmotorik oder im Spiel- oder Sozialverhalten etwas nicht stimmt, haben aber häufig Schwierigkeiten, das „etwas" genauer zu benennen und für Eltern hilfreiche Vorschläge zu machen. Nach dieser Beobachtung lässt sich das „etwas" meist sehr präzise fassen und auch Förderansätze können systematisch entwickelt werden. Die Eltern sollten zudem beraten werden, welche Fachleute zur Beobachtung des Kindes noch hinzugezogen werden sollten.

VI. Acht Fragen, die immer wieder gestellt werden

1. Muss ich alle Kinder bei jeder Station beobachten?

2. Sind die Aufgaben zu schwer und alltagsfern?

3. Warum soll ich so hart bewerten?

4. Kann ich mit dem Instrumentarium Kindern Schaden zufügen?

5. In welcher Weise profitiere ich als Lehrkraft oder Erzieherin von den Beobachtungsstationen?

6. In welcher Weise profitieren Eltern und Kinder von der Beobachtung?

7. Wie objektiv können die Beobachtung und die daraus resultierenden Ergebnisse bei der schnellen Entwicklung von Kindern in dem Alter sein?

8. Wie kann ich derart unterschiedliche Kinder in einer Klasse individuell fördern?

1. Muss ich alle Kinder bei jeder Station beobachten?

Immer wieder stellt sich die Frage, ob diese Beobachtungen wirklich mit allen Kindern durchgeführt werden müssen oder ob es nicht reicht, dass Kinder, die im Unterricht auffallen, mit diesem Instrumentarium systematisch beobachtet werden.

Im häuslichen Umfeld und vielfach auch im Kindergarten fallen viele der Kinder mit Wahrnehmungsstörungen nicht auf. Sie haben unter Umständen eine Reihe von automatisierten antrainierten Einzelfertigkeiten bzw. Kompensations- oder Vermeidungsstrategien entwickelt, mit denen sie ihren Alltag bewältigen können. Die Vermeidungsstrategien werden dann als persönliche Eigenart des Kindes oder als frühzeitige Ausbildung eines Charakters einer individuellen Persönlichkeit gewertet.

Bei den 5- bis 7-Jährigen, d. h. im Jahr vor der Schule und im ersten, zum Teil auch zweiten Schuljahr, ist es wichtig, dass wirklich alle Kinder systematisch beobachtet werden, da insbesondere intelligente Kinder häufig Kompensationstechniken entwickeln oder Vermeidungsstrategien haben, die verhindern, dass nicht oder nur unzureichend ausgebildete Lernvoraussetzungen und Wahrnehmungsverarbeitungsprozesse auffallen.

Diese Techniken tragen aber für schulische Lernprozesse nur bis zu einem gewissen Zeitpunkt und einem gewissen Grad. Werden mögliche Probleme nicht rechtzeitig erkannt, vergeht viel Zeit, in der das Kind die Kompensationstechniken verfeinert und trainiert, bis entdeckt wird, dass es über eine bestimmte Stufe des Lernens nicht oder nur unnötig langsam hinauskommt.

Folgen solcher unentdeckter fehlender Fertigkeiten können eine Legasthenie, eine Dyskalkulie, aber auch *Schulabsentismus*, Unlust beim Lernen, aggressives Verhalten, Stören des Unterrichts, Clownerien etc. sein.

Lehrkräfte, die mit dieser systematischen Beobachtung gearbeitet und anschließend ihren Unterricht individualisiert haben, haben die Erfahrung gemacht, dass es in ihren Klassen, selbst wenn diese in sozialen Brennpunkten liegen, weniger Gewalt unter den Kindern gibt. Die Kinder werden zwar gefordert aber nicht überfordert, d. h. ihnen werden keine Aufgaben gegeben, zu deren Bewältigung ihnen die Voraussetzungen fehlen.

So spüren die Kinder Erfolge ihrer Anstrengung, entwickeln Freude am Lernen und werden nicht mehr durch Überforderungen frustriert. Dadurch wird der Abbau von Frustration in aggressiven Akten letztendlich um einiges verringert. Beispielsweise die in vielen Klassen beobachteten Tritte gegen eine Schultasche auf dem Weg zur Tafel oder das Piksen mit einem Stift in den Rücken werden kaum noch beobachtet.

In diesem Sinne ist ein Arbeiten mit Kindern aufgrund ihrer individuellen Lernvoraussetzungen gleichzeitig eine gewaltpräventive Arbeit, die auch *Schulabsentismus* und Schulmüdigkeit entgegenwirken kann. Im weitesten Sinne handelt es sich aufgrund des Aufbaus einer guten Selbstwahrnehmung und sozialer Handlungskompetenz auch um Sucht- und Drogenprävention. Dazu trägt ein Unterricht bei, der die Wahrnehmungsfähigkeit fördert und die Kinder im Rahmen ihrer individuellen Fähigkeiten fordert.

2. Sind die Aufgaben zu schwer und alltagsfern?

Häufige Klagen zu diesem Instrumentarium sind, die Aufgaben seien sehr schwierig bzw. die Kinder bekämen Bewegungsaufgaben, die man nie im Alltag ausführen würde, insofern hätten sie auch keinen Sinn.

Bei den Bewegungsausführungen, die nicht alltagsüblich sind, geht es genau um das Phänomen, inwieweit ein Kind in der Lage ist, Bewegungen auszuführen, bei denen es keine antrainierten automatisierten Bewegungsmuster hat. Dieses hat einen hohen diagnostischen Wert für Bewegungs- und Handlungsplanung.

Dass scheinbar schwere Aufgaben für die Kinder gewählt werden, liegt in der Absicht, mit der dieses Instrumentarium eingesetzt wird. Es geht nicht darum, Kindern Erfolgserlebnisse zu verschaffen, sondern zu erkennen, wo keine optimalen Lernvoraussetzungen vorliegen und der Unterricht und die Förderung dem individuellen Potential der Kinder anzupassen sind.

Unabhängig davon werden Stationen häufig als schwer erlebt, mit denen wir persönlich oder als Erwachsene eher Schwierigkeiten haben. Als Erwachsene haben wir eher als Kinder Probleme bei Gedächtnisaufgaben. Gegen ein gutes 6-jähriges Kind haben Erwachsene eigentlich keine Chance beim Memory-Spielen. Vielfach erscheinen bestimmte Aufgaben einfach deshalb als schwierig, weil sie selber nicht über eine in allen Bereichen optimal entwickelte Wahrnehmungsverarbeitung verfügen.

3. Warum soll ich so hart bewerten?

Dieses Instrumentarium dient letztendlich dazu, den Kindern die optimale und notwendige Unterstützung zu gewähren. Wenn Sie mild bewerten, bekommt das Kind für diesen Bereich keine Förderung. Der Schaden ist somit größer, als wenn das Kind im Zweifelsfall bei der Beobachtung schlechter bewertet wird als es eigentlich ist. Wenn ein Kind infolgedessen ohne Förderbedarf eine Förderung bekommt, kann diese jederzeit beendet werden. Somit besteht das schlimmste Resultat einer fehlerhaften Beobachtung oder einer harten Bewertung in einer Förderung in Bereichen, die das Kind schon sicher beherrscht. Dies würde dann in kürzester Zeit festgestellt und das Kind aus der Förderung wieder herausgenommen.

Das Instrumentarium nimmt für sich keine Auswertungsobjektivität in Anspruch. Dies ist auch nicht nötig, da es nicht als Schulreifetest ausgelegt ist, d. h. Kinder sollen nicht aufgrund ihrer Ergebnisse vom Schulbesuch zurückgestellt werden oder in einen Schulkindergarten gegeben werden. Die Beobachtungen sollen der Lehrkraft ermöglichen, das Kind bei seinen Fertigkeiten abzuholen und es dementsprechend zu fördern und zu fordern. Insofern kann auf eine Auswertungsobjektivität, wie viele Einschulungstests sie für sich beanspruchen, verzichtet werden.

Nicht jede Wahrnehmungsstörung führt zu Problemen beim Lernen oder im Verhalten. Dies ist ein grundsätzliches Problem, das auch in anderen vergleichbaren Instrumentarien nicht gelöst werden kann. Da dieses Instrumentarium nicht als Selektionsmittel gedacht ist, sondern nur dazu dient, Schülerinnen und Schülern Hilfen zu geben und Lehrkräften andere Wahrnehmungen über ein Kind und damit andere Verhaltensweisen ihm gegenüber und andere Unterrichtsmöglichkeiten zu schaffen, erwächst einem Kind aus diesem Problem kein Nachteil.

4. Kann ich mit dem Instrumentarium Kindern Schaden zufügen?

Diese Frage bezieht sich in der Regel auf zwei Aspekte. Der eine Schaden wird durch eine nicht sichere und souveräne Verwendung des Instrumentariums befürchtet und der andere Schaden bezieht sich auf Konsequenzen, die sich aus einer möglicherweise fehlerhaften Beobachtung ergeben.

Bei der Durchführung der Beobachtung haben die Kinder in der Regel viel Spaß und Freude, und zwar unabhängig davon, ob es lernstarke oder lernschwache Kinder sind. Erfahrungsgemäß bemühen sie sich immer, ihr Bestes zu geben. Häufig haben sie so viel Freude an einzelnen Aufgaben, dass sie mehr fordern. Möglicherweise hat ein Kind die Aufgabe nicht verstanden, dann muss sie noch einmal so erklärt werden, dass das Kind sie verstehen kann. Aber auch das ist ein Phänomen, das im Alltag von Kindern auftritt.

Im Kindergarten- und Grundschulalter, insbesondere direkt nach der Einschulung, haben Kinder selten Prüfungsängste, so sind sie weder sonderlich aufgeregt noch haben sie das Gefühl, versagen zu können.

Da viele Stationen auch einzeln durchgeführt werden, bedeutet diese Beobachtung eine ganz besonders intensive Zuwendung durch einen Erwachsenen. Wenn nicht genau oder schnell genug beobachtet werden kann, bedeutet dies in der Regel nur, dass das Kind die Aufgabe zu einem späteren Zeitpunkt noch einmal macht.

Wenn durch möglicherweise fehlerhafte Beobachtung, einen schlechten Tag eines Kindes o. Ä. festgestellt wird, dass diesem Kind bestimmte Lernvoraussetzungen fehlen, bekommt das Kind schlimmstenfalls eine Förderung in Bereichen, die es sicher beherrscht oder eine Unterstützung bei Aufgaben, die es nicht benötigt (vgl. Kap. V. 3).

Beides stellen Sie in der Regel nach kürzester Zeit fest und das Kind kann aus der Förderung herausgenommen werden oder die unnötige Unterstützung bei Aufgabenstellung wird eingestellt.

Groß dagegen ist der Schaden, wenn Kinder nicht beobachtet werden und von ihnen etwas gefordert wird, was sie aufgrund fehlender Voraussetzungen nicht leisten können.

5. In welcher Weise profitiere ich als Lehrkraft oder Erzieherin von den Beobachtungsstationen?

Lehrkräfte zweifeln nicht länger an ihren pädagogischen Fähigkeiten, wenn sie erkennen, welche Voraussetzungen die Kinder zu Beginn der Schulzeit haben und was sie durch ihren Unterricht im Laufe eines Schuljahres an Entwicklung und Fortschritt beim einzelnen Kind erreicht haben. Dies ist eine gute Prophylaxe gegen ein „Burn-out" und erhöht die Arbeitszufriedenheit.

Die Stärke liegt darin, dass nach der Beobachtung das Kind entsprechend der Erkenntnisse in der Schule gefördert wird und die Lehrkraft den Unterricht individuell an das Kind anpassen kann. So kann an den Lehrgängen gearbeitet werden, bevor das Kind die optimalen Voraussetzungen hat, es kann bei seinen Lernfähigkeiten abgeholt werden und mit Erreichen des Einschulungsalters bei gleichzeitiger Förderung von Basiskompetenzen schulische Inhalte vermittelt bekommen. Das bedeutet, dass der Unterricht an das Kind angepasst wird und nicht das Kind normiert wird, bis es dem standardisierten Unterricht gewachsen ist.

Bei der üblichen Beobachtung der Kinder in der Schule wird in der Regel nur summatives Verhalten auf der Phänomenebene erkannt, z. B. das Kind sei unkonzentriert. Selten werden die einzelnen Aspekte dieses Verhaltens isoliert festgestellt, die zu diesem Gesamtbild führen, z. B.

– hat das Kind eine schlechte akustische Figur-Grund-Wahrnehmung und versteht Äußerungen

bei einem gewissen Geräuschpegel nicht mehr *oder*
- das Kind hat Schwierigkeiten bei der optischen Gliederungsfähigkeit und findet deshalb die Aufgaben auf dem Arbeitsblatt nicht *oder*
- das Kind hat Probleme bei der Handlungsplanung und beginnt deshalb sehr zögernd oder gar nicht mit den Aufgaben.

Häufig verändert sich die emotionale Qualität der Beziehung zum Kind positiv als Folge eines anderen Blickes auf das Kind mit anderen Erklärungsmustern. Die emotionale Beziehung zum Kind verbessert sich, da in der Regel negative Attribuierungen des Verhaltens, wie z. B. das Kind sei ungehorsam durch neutrale Attribuierungen, wie z. B. das Kind könne sich die Ausführungen nicht merken, ersetzt werden. Lehrkräfte bekommen andere Interpretationsmöglichkeiten für das Verhalten des Kindes. Wenn bisher das Verhalten eines Kindes dahingehend gedeutet wurde, dass das Kind noch zu viel persönliche Zuwendung brauche, mit der Konsequenz, es sei noch nicht schulreif, wird durch die gezielte Beobachtung erkannt, dass das Kind Probleme mit der Handlungsplanung hat und somit die Arbeitsschritte sehr kleinstufig vorgemacht werden müssen. Aus einem bisher als unfolgsam eingeschätzten Kind mit der Implikation, ihm beizubringen, dass es in der Schule tun muss, was ihm gesagt wird, wird eines mit einem sehr schlechten akustischen Kurzzeitgedächtnis, dem man helfen muss, dieses zu trainieren und dem andere Strategien zum Merken von Aufträgen vermittelt werden müssen.

Die aus der Beobachtung gewonnenen Erkenntnisse sollten dazu genutzt werden, differenzierte Angebote zur Verfügung zu stellen, mit denen das Kind sowohl an der Entwicklung seiner Lernvoraussetzungen als auch entsprechend seiner Fähigkeit an Lehrgängen arbeiten kann. So müssen förderungsbedürftige Kinder nicht zurückgestellt werden, sondern können im Schulalltag gefördert werden.

Den Kindern wird anders begegnet, so dass Verhaltensauffälligkeiten aufgrund von Wahrnehmungsverarbeitungsproblemen gar nicht erst entwickelt werden. Die Kompensationstechniken der Kinder werden als solche erkannt und nicht negativ affektiv attribuiert oder auch sanktioniert. Die Beziehung zwischen Kind und Lehrkraft verbessert sich. Verhaltensauffälligkeiten als Folge von Überforderung fallen weitgehend weg, so gibt es in der Regel deutlich weniger Aggressivität und Leistungsverweigerung.

6. In welcher Weise profitieren Eltern und Kinder von der Beobachtung?

Jedes Kind wird dort abgeholt, wo es mit seinen Fertigkeiten steht. Die Anforderungen entsprechen seinen Fähigkeiten, d. h. es wird in der Regel vor überfordernden Aufgabenstellungen bewahrt und gleichzeitig gefordert. Es kann in seiner Peer-group bleiben und schon an schulischen Inhalten arbeiten, wie Lesen, Schreiben oder Rechnen, während gleichzeitig eine Förderung und ein Training der Lernvoraussetzungen erfolgt. Seinem Recht auf Bildung und der Herstellung von Schulfähigkeit in der Schule wird Rechnung getragen. Es wird nicht getadelt für ein Fehlverhalten, das Folge einer schlechten Wahrnehmungsverarbeitung ist. Die Lernfreude bleibt erhalten. Lernerfolg wird individuell am Kind gemessen.

Außerdem führt normaler Unterricht bei fehlenden Lernvoraussetzungen oft zu Teilleistungsstörungen, die häufig vermieden werden können, wenn von den Kindern keine Aufgaben verlangt werden, die sie aufgrund der Wahrnehmungsverarbeitungsprobleme nicht bewältigen können. Dyskalkulie und Legasthenie haben einen Krankheitswert und sind mit seelischem Leid verbunden. Diesbezügliche Prävention entspricht damit dem Recht des Kindes auf Gesundheit.

Durch die Beobachtung besteht die Möglichkeit, das Kind in der Schule individuell zu fördern und Schwächen beim gleichzeitigen Arbeiten an den Lehrgängen gegebenenfalls aufzuarbeiten (vgl. Kapitel V. 5).

Eltern erfahren, wie sie ihr Kind in Alltagssituationen fördern können, wo ihr Kind Hilfe braucht, die ihm möglicherweise weder die Schule noch die Eltern geben können. Sie bekommen Hinweise auf eine sinnvolle medizinische Abklärung. Ihr Kind wird individuell wahrgenommen und dort, wo es steht, abgeholt und an die Lehrgänge herangeführt. Gleichzeitig erfahren Eltern, warum Schule auf eine bestimmte Art mit ihrem Kind arbeitet (Hörtraining vor Wortdurchgliederung oder Mengen erfassen, ohne zu rechnen, bei fehlender Mengeninvarianz etc.).

Häufig verändert sich die emotionale Qualität der Beziehung zum Kind positiv als Folge eines anderen Blicks auf das Kind mit anderen Erklärungsmustern. Die emotionale Beziehung zum Kind verbessert sich, da in der Regel negative durch neutrale Attribute des Verhaltens ersetzt werden. Lehrkräfte, Eltern und Erzieherinnen bekommen andere Interpretationsmöglichkeiten für das Verhalten des Kindes (vgl. Kapitel VI. 5).

Dieses Instrumentarium ist jedoch nicht entwickelt worden, um eine Differentialdiagnostik für möglicherweise notwendige medizinische oder psychologische Therapien zu erstellen. Vielmehr geht es darum, Kindern zu ihrem Recht auf Bildung in der Schule zu verhelfen.

Hinweise für Eltern, dass sie möglicherweise differentialdiagnostisch klären sollten, ob eine therapeutische Behandlung ihres Kindes notwendig ist, sind eher ein begrüßenswerter Nebeneffekt, als primäre Zielrichtung.

Außerdem würden Lehrkräfte oder Erzieherinnen mit einer Diagnose für eine bestimmte therapeutische Behandlung Aufgaben übernehmen, für die sie nicht qualifiziert sind.

7. Wie objektiv können die Beobachtung und die daraus resultierenden Ergebnisse bei der schnellen Entwicklung von Kindern in dem Alter sein?

Als Kritik könnte angeführt werden, dass das Instrumentarium für ein Alter, in dem sich Kinder noch sehr schnell verändern und entwickeln, keine Differenzierung der Altersgruppen vorsieht. Außerdem wird zunächst nicht differenziert, welche Auffälligkeiten mit pädagogischen und welche mit therapeutischen Mitteln behandelt werden müssen und können.

Die Aufgaben können aber normalerweise in der entsprechenden Altersgruppe bewältigt werden. Kann ein Kind bestimmte Aufgaben nicht lösen, fehlen ihm Voraussetzungen für das Lernen in der Schule. Das heißt unabhängig davon, ob Kinder in dem Alter diese Fertigkeiten überhaupt entwickelt haben können, setzt der Unterricht sie als vorhanden voraus. Das Kind hat diese Voraussetzungen bisher nicht spontan erworben. Es spricht nichts dafür, dass es diese jetzt ohne besondere Angebote erwerben wird. Eine Ausnahme bildet die Mengeninvarianz. Dies bedeutet aber gleichzeitig nicht, dass das Kind eine therapeutische Behandlung benötigt. Vielfach genügt eine gezielte pädagogische Förderung. Hinweise, wann eine therapeutische Förderung notwendig werden könnte, wird bei den Hinweisen zur Förderung in Kapitel III bezüglich bestimmter Wahrnehmungsfelder und in Kapitel V gegeben.

Die Stärke liegt darin, dass nach der Beobachtung das Kind entsprechend der Hinweise in der Schule gefördert wird und die Lehrkraft den Unterricht individuell an das Kind anpassen kann. So kann mit dem Kind mit entsprechenden Hilfen an den Lehrgängen gearbeitet werden, auch wenn es die optimalen Lernvoraussetzungen noch nicht hat. Ein Kind muss also nicht erst seine Wahrnehmungsschwächen vollständig aufgearbeitet haben, um am standardisierten Unterricht erfolgreich teilnehmen zu können, sondern es wird bei seinen Lernfähigkeiten abgeholt und bekommt bei gleichzeitiger Förderung von Basiskompetenzen mit Erreichen des Einschulungsalters auch schulische Inhalte vermittelt.

Es zeigen sich insbesondere bei den Stationen der Stufen 1 und 2 Schwächen in der Auswertungsobjektivität. Die Beobachtung von Bewegungsabläufen lässt sich nur begrenzt operationalisieren und vom Beobachter unabhängige Ergebnisse erzielen. Aus dem gleichen Grund ist auch in der Medizin und der Psychologie die Diagnose immer noch an Personen gebunden.

Nicht jede Wahrnehmungsstörung führt zu Problemen beim Lernen oder im Verhalten. Dies ist ein grundsätzliches Problem, was auch in anderen vergleichbaren Instrumentarien nicht gelöst werden kann. Da dieses Instrumentarium nicht als Selektionsmittel gedacht ist, sondern dazu dient, Schülern Hilfen zu geben und die Wahrnehmungen der Lehrkräfte über ein Kind im positiven Sinn zu erweitern und somit Veränderungen in den Verhaltensweisen und Unterrichtsmöglichkeiten zu schaffen, erwächst einem Kind aus diesem Problem kein Nachteil.

Gleichzeitig wird die Schwäche in der Auswertungsobjektivität ausgewogen durch die Angebote der Förderung. Wenn durch möglicherweise fehlerhafte Beobachtung o. Ä. festgestellt wird, dass diesem Kind bestimmte Lernvoraussetzungen fehlen, bekommt das Kind schlimmstenfalls eine Unterstützung bei Aufgaben, die es nicht benötigt (vgl. Kapitel VI.3/VI.4). Dies wird man jedoch nach kürzester Zeit feststellen und das Kind gegebenenfalls aus der Förderung wieder herausnehmen.

8. Wie kann ich derart unterschiedliche Kinder in einer Klasse individuell fördern?

Es sollte einem vorab bewusst werden, dass die Kinder nicht erst durch die Feststellung ihrer Unterschiedlichkeit so verschieden sind. Schon in früheren Jahrgängen waren die Kinder ihrer Klasse wahrscheinlich genauso unterschiedlich wie ihre Jetzigen, sie haben es nur nicht so detailliert bemerkt wie dies durch die Beobachtungsstationen möglich ist. Unterricht baut hingegen häufig auf der Vorstellung auf, dass gleichaltrige Kinder ungefähr den gleichen Entwicklungsstand haben. Obwohl dies kognitiv erkannt wird, bietet der Unterricht allen Kindern dasselbe. Vielfach ist der Unterricht so aufgebaut, dass alle Kinder zur gleichen Zeit in etwa das Gleiche in der gleichen Art und Weise tun sollen.

Wenn wir diese Vorstellung aufgeben, müssen wir jedem Kind seinen eigenen Zugang zu Lerninhalten zubilligen und das zu einem ihm gemäßen Zeitpunkt. Erfahrungsgemäß können wir darauf vertrauen, dass es sich den passenden Zugang und Zeitpunkt sucht.

Lässt man Kindern bei Aufgaben die Wahl zwischen verschiedenen Schwierigkeitsgraden, arbeiten sie in der Regel sehr intensiv und an der oberen Grenze ihrer Möglichkeiten. Häufig suchen sie sich immer wieder die gleichen Aufgabentypen oder ähnliche Aufgaben, die sie exzessiv üben, bis sie diese sicher beherrschen. Dann werden sie in der Regel nie wieder angerührt.

Bekommt ein Kind Aufgaben, die für es aufgrund seiner Voraussetzungen schwerer sind als für andere Kinder, reicht häufig schon die Anerkennung und Rückmeldung durch die Lehrkraft, dass es sich für dieses Kind um schwere Aufgaben handelt und es deshalb nur bis zu einem bestimmten Punkt kommen muss. Häufig bemühen sich die Kinder dann, mehr zu schaffen und versuchen, den Rest zu Hause zu erledigen.

Sie können die Kinder optimal differenziert fördern, wenn diese ein selbstständiges Arbeitsverhalten erlernen. Dies können Sie trainieren, indem Sie den Kindern Aufgabenzettel oder Materialien zunächst ohne Erklärung geben, und die Kinder vermuten lassen, was sie bei dieser Aufgabe machen sollen. Als Lehrkraft entlastet man sich vom Erklärenmüssen, wenn die Regel eingeführt worden ist, dass man erst gefragt werden darf, wenn schon jemand anderes vorher gefragt wurde. Kinder, die ihre Aufgabe bewältigt haben, können durch ein Symbol, z. B. einem Klotz mit einem H drauf, signalisieren, dass sie für andere Kinder als Helfer zur Verfügung stehen und ansprechbar sind.

Die ersten Schulwochen sollten zur Durchführung eines Werkstattunterrichts genutzt werden. Die Kinder arbeiten dann selbstständig an unterschiedlichen Aufgaben der Lernwerkstatt. Ein Kind kann jeweils für eine Aufgabe als Experte eingesetzt werden. Je selbstständiger die Kinder arbeiten können, desto leichter kann differenziert gefördert und gefordert werden. Erfahrungen aus der Praxis zeigen, dass Kinder auch im ersten Schuljahr sehr selbstständig arbeiten können, und zwar unabhängig von den Einzugsgebieten.

VII. Glossar
Erläuterungen von Begriffen, die in diesem Buch benutzt werden

ADHD: (Attention Deficit Hyperactivity Disorder): Aufmerksamkeits-Defizit-Hyperaktivitäts-Störung (mit oder ohne Störung des Sozialverhaltens).

akustische Wahrnehmung: Bezeichnung für Sinnesempfindungen des Hörorgans; Wahrnehmung das Hören betreffend.

auditive Wahrnehmung: siehe akustische Wahrnehmung.

auditiv: Hörvorgänge betreffend, wobei Hören sowohl die Aufnahme der akustischen Sinnesempfindungen als auch zugleich die kognitive Verarbeitung dieser Sinnesempfindungen umfasst.

Andreaskreuz: ein Kreuz mit diagonal geführten Linien.

Anlauttabelle: Eine Tabelle, in der alle Laute der deutschen Sprache aufgeführt sind und jeweils eine Sache oder ein Tier, die bzw. das mit einem entsprechenden Laut beginnt, bildnerisch dargestellt ist.

Apraxie: ein gravierender Mangel an Geschicklichkeit oder Bewegungsplanung. Wenn man sie bei Kindern beobachtet, liegt eine Funktionsstörung der sensorischen Integration vor, welche die Planung und Ausführung dem Kind nicht vertrauter Aufgaben sehr stark behindert.

Asymmetrien: Mangel an Symmetrie – hier: Die Symmetrie bei Bewegungen kann nicht gewahrt werden (z. B. wird beim Balancieren ein Arm höher oder dicht an den Körper gepresst gehalten oder mit einem Bein wird deutlich kräftiger abgestoßen).

Auge-Hand-Koordination: Kopplung vorwiegend visuell aufgenommener Informationen (Input) mit der Handmotorik (Output).

Augenmuskelkontrolle: hier: die feinmotorische Kontrolle der äußeren Augenmuskeln, die für die gleichmäßige Augenführung verantwortlich ist.

basale Körperwahrnehmungen: grundlegende Wahrnehmungen über den eigenen Körper; hierzu zählen die propriozeptive, die vestibuläre und die taktile Wahrnehmung.

Bewegungsplanung: auch motorisches Planen. Die Fähigkeit des Gehirns, sich eine Folge ungeübter Handlungen vorzustellen, ihren Bewegungsablauf zu ordnen und auszuführen. Man spricht auch von Praxie (vergleiche Apraxie und Dyspraxie).

Bilateralintegration: koordiniertes Zusammenspiel beider Körperhälften.

Bulbusachsen: Achsen der Augäpfel, die durch die Pupille geht (Bulbus: der Augapfel).

Dysgrammatismus: Der Dysgrammatismus ist eine pathologische Störung im grammatikalischen und syntaktischen Aufbau der Sprache. Der Gedankenfluss kann nicht in regelgerechter Wortbildung und Wortfolge ausgedrückt werden. Er ist oft ein Symptom einer verzögerten Sprachentwicklung. Betroffen sind Satzbau und Grammatik. In schweren Fällen werden einzelne Wörter aneinandergereiht.

Dyslalie (Stammeln): Fehlaussprache eines Lautes oder einer Lautverbindung, wobei der Laut falsch gesprochen, ausgelassen oder durch einen anderen ersetzt wird. Jenseits des 4. Lebensjahres ist Stammeln pathologisch, davor kann es ein normales Übergangsstadium in der Sprachentwicklung sein.

Dyspraxie: mangelhafte Fähigkeit, die Extremitäten geschickt einzusetzen oder Bewegungsplanungen durchzuführen. Sie ist eine schwächere Form der Apraxie und kommt häufiger vor. Dyspraktische Kinder erscheinen ungeschickt, unkoordiniert und schwerfällig. Sie haben in der Regel Probleme im An- und Ausziehen und im Gebrauch von Werkzeugen (Schere, Hammer, Stift, Gabel, Zahnbürste).

Ergotherapie: auch Arbeits- und Beschäftigungstherapie genannt. Ein Beruf, der sich damit befasst, durch sinnvolle Aktivitäten dem Patienten zur Auslösung von Anpassungsreaktionen zu verhelfen, die das Nervensystem in die Lage versetzen, effektiver tätig zu sein.

Feinkoordination: die Koordination feinmotorischer Bewegungen, wie Arbeiten mit der Schere, Schreiben, Nähen etc.

Feinmotorik: betrifft kleine, genaue Bewegungen, wie sie z. B. zum Schreiben oder bei vielen Bastelarbeiten gebraucht werden, im Gegensatz zur Grobmotorik z. B. dem Gehen, Aufheben einer Kiste etc.

Figur-Grund-Wahrnehmung: wichtiger Teilbereich der Wahrnehmung. Das menschliche Gehirn ist in der Lage, aus der Gesamtheit der einströmenden Reize eine begrenzte Anzahl auszuwählen, die dann das Zentrum seiner Aufmerksamkeit bilden. Diese Reize werden also zum Vordergrund bzw. zur „Figur" und werden bewusst und differenziert wahrgenommen, die anderen Reize bilden nur einen ungenau erfassten Hintergrund. Dies Phänomen gibt es in verschiedenen Wahrnehmungskanälen (taktil, auditiv, visuell). Ein Kind mit einer Figur-Grund-Wahrnehmungsschwäche kann sich schlecht zentrieren/fokussieren und ist darum leicht ablenkbar.

fokussieren: die ganze Aufmerksamkeit auf einen willkürlichen Punkt richten.

Fotografierspiele: Spiele, bei denen Menschen so tun, als ob sie ein Foto machten und sich dieses Foto im Gedächtnis einprägen, um sich zu einem späteren Zeitpunkt zu erinnern.

Geräusche-Lotto: Ein Spiel, bei dem analog zum bekannten Memory-Spiel zwei gleiche Geräusche herausgehört werden müssen oder herausgefunden werden muss, welcher Gegenstand das von einem Band kommende Geräusch erzeugt.

Graphomotorik: die für das Schreiben und Zeichnen notwendigen fein abgestimmten Bewegungen der Finger und der Hand (vgl. im Gegensatz dazu Feinmotorik).

Grobmotorik: betrifft große, grobe Bewegungen wie z. B. Gehen, Laufen, Hochstellen eines Stuhles, im Gegensatz zur Feinmotorik.

gustatorische Wahrnehmung: Wahrnehmung den Geschmack betreffend.

Handlungsplanungsprobleme: Schwierigkeiten, eine Handlung in ihre Teilschritte zu zerlegen, sich die einzelnen Schritte der Folge von Handlungen vorzustellen, ihren Bewegungsablauf zu ordnen und auszuführen.

Hemisyndrom: Seitenbetonung, Bewegungsverhalten, das dem einer Halbseitenlähmung ähneln kann oder entspricht.

Infinitalzeichen: Mathematisches Zeichen für unendlich: ∞.

intermodale Kodierung: Die Verschlüsselung von Informationen in mindestens zwei Sinneskanälen. Z. B. kann ein Kaminfeuer sowohl im visuellen Kanal als Bild, im akustischen Kanal als Geräusch der brennenden Holzscheite als auch im olfaktorischen Kanal als Geruch des verbrennenden Harzes im Gehirn wahrgenommen und gespeichert werden.

intermodale Verarbeitung: die Verarbeitung von Informationen mit mindestens zwei Sinnen zum selben Ereignis (z. B. die Abspeicherung des Bildes von einem Gesicht [visuell] mit dem gesprochenen Namen der dazugehörigen Person [akustisch]).

Item: (Frage)punkt, Stück, Ding.

Jiu-Jitsu: (jap. = sanfte Kunst) Kunst zur Verteidigung ohne Waffe (in Sportvereinen angeboten).

Judo: Kampfsportart vom Jiu-Jitsu abgeleitet mit festen Regeln.

Kalibrierung: Eichen von Messinstrumenten.

Kim-Spiele: Benannt nach einer Figur aus einem Roman nach Kipling, bei der ein Junge sich in kürzester Zeit die Form von verschiedenen Diamanten merken und sie dann wiedererkennen muss. Kim-Spiele sind Spiele, bei denen sich jemand Gegenstände und ggf. auch ihre Anordnung merken muss und aus dem Gedächtnis wiedergeben oder die Veränderung von Veränderungen erkennen muss. Sie trainieren das visuelle Gedächtnis.

kinästhetische Verarbeitung/Wahrnehmung: Wahrnehmung der eigenen Bewegung durch Informationen aus den Muskeln, Gelenken, Sehnen und dem Vestibulärorgan.

klonische Laut-, Silben- oder Wortwiederholungen: reflexartige Wiederholungen führen zum Krankheitsbild des Stottern.

Kodierung: Verschlüsselung.

körperbezogene Sinne: Sinne, die Informationen aus dem Körper verarbeiten. Dazu gehören die viszerale, die taktile, die vestibuläre und die propriozeptive Wahrnehmung.

Körpereigenwahrnehmung: siehe Propriozeption.

Körperwahrnehmung: Die Wahrnehmung, die eine Person von ihrem eigenen Körper hat. Sie setzt sich zusammen aus den Sinneseindrücken des Körpers. Dazu gehören die propriozeptive, die vestibuläre und die taktile Wahrnehmung.

Körperkoordination: Die Abstimmung der grobmotorischen Bewegungsabläufe, wie Gehen, Laufen, aber auch eine Leiter hochsteigen.

Körpermittellinienkreuzung: Die Körpermittellinie ist eine gedachte senkrechte Linie, die den Körper längs in zwei symmetrische Hälften teilt. Die Kreuzung der Körpermittellinie betrifft Bewegungen, bei deren Ausführung Gliedmaßen über diese gedachte Linie bewegt werden. Außerdem kann der Blick der Augen diese gedachte Linie überqueren, wenn er einer Bewegung oder einer Linie folgt.

Kraftdosierung: Die Fähigkeit, einzuschätzen, wie viel Kraft benötigt wird, um eine Bewegung auszuführen und sie mit dem richtigen Maß an Kraft durchzuführen.

Laterisation/Lateralisierung: Die Entwicklung der Seitigkeit, ggf. auch durch aktives Fordern und Fördern einer Körperseite.

Lateralität: Seitigkeit. Die bevorzugte Verarbeitung bestimmter Prozesse in einer Großhirnhemisphäre. Bei den meisten Menschen werden räumliche und musikalische Wahrnehmungsmuster effektiver in der rechten Großhirnhemisphäre verarbeitet, während die linke Hemisphäre bevorzugt Wortbildungs- und Denkprozesse berücksichtigt. Aber auch inneres Bewusstsein von zwei Körperhälften.

Lautbildungsfehler: s. Dyslalie.

Lautdifferenzierung: Fähigkeit, verschiedene Laute unterscheiden zu können.

Leistungsdominanz: meint die größere Geschicklichkeit, Genauigkeit, Schnelligkeit oder Kraft eines Körperteils. Um die Leistungsdominanz beurteilen zu können, muss man beide Körperseiten unter gleichen Bedingungen überprüfen.

logopädische Therapie: Sprachheiltherapie.

Memotechniken: Memo = Gedächtnis betreffend; Techniken zum Merken von irgendetwas.

Mengeninvarianz: Die Unveränderlichkeit von der Größe einer Menge, auch wenn diese unterschiedlich angeordnet wird.

Metronom: mechanisch den Takt schlagender Tempoanzeiger, Taktmesser.

multiples Stammeln: Fehlaussprache einer Vielzahl von Lauten oder Lautverbindungen, wobei die Laute falsch gesprochen, ausgelassen oder durch andere ersetzt werden.

Muskeltonus: der durch Nerveneinfluss bedingte normale Kontraktionszustand der Muskeln.

neuronal: Synonym für nerval, neural oder nervlich.

Oberflächensensibilität: Die taktilen Sinneszellen liegen in der Haut und registrieren die Oberflächensensibilität.

olfaktorische Wahrnehmung: Wahrnehmung den Geruch betreffend.

optische Gliederungsfähigkeit: Die Fähigkeit, ein komplexes Bild in seine einzelnen Elemente visuell zu gliedern.

Orff'sche Instrumente: Schlag- und Rhythmusinstrumente in der Musik.

Partygesprächsfähigkeit: Die Fähigkeit, aus einer großen Menge von Gesprächen eine einzelne Stimme herauszuhören und dieser inhaltlich folgen zu können.

phonematisches Stadium: Stadium beim Schriftspracherwerb, bei dem lautgetreu geschrieben wird.

Phonem: in der Sprachwissenschaft die kleinste bedeutungsunterscheidende, aber nicht selbst bedeutungstragende sprachliche Einheit.

Piktogramme: grafisches Symbol (z. T. mit internationaler Bedeutung wie der Totenkopf als Symbol für Gift).

Pinzettengriff: das Aufnehmen kleiner Gegenstände zwischen Daumen und dem Zeigefinger.

Pipette: gläsernes Saugrohr mit verengter Spitze zum Entnehmen, Abmessen und Übertragen kleiner Flüssigkeitsmengen.

Präferenzdominanz: Die bevorzugte Seite, mit der viele Tätigkeiten geschickter oder besser ausgeführt werden können.

Propriozeption: Eigenwahrnehmung (vgl. Tiefensensibilität): Informationen über Muskelanspannung und Gelenkstellungen. Die Rezeptoren des proriozeptiven Systems nehmen keine Reize aus der Umwelt auf, sondern nur solche, die im eigenen Körper entstehen.

propriozeptive Wahrnehmung: Die Empfindungen, die von Sinnesrezeptoren in den Muskeln und Gelenken dem Gehirn zugeleitet werden. Die propriozeptive Wahrnehmung vermittelt dem Gehirn, wann und in welchem Umfang sich Muskeln zusammenziehen oder strecken und wann und in welchem Ausmaß sich Gelenke beugen, strecken oder respektiven Druck empfangen. Die Propriozeption ermöglicht dem Gehirn, in jedem Augenblick zu wissen, wo jeder Körperteil sich befindet und wie er sich bewegt.

Psychomotoriktherapie: Therapie, die die Einheit von Wahrnehmung, Motorik und psychischen Vorgängen fördert. Eine ganzheitliche Behandlung mit den Schwerpunkten der Integration von Material-, Selbst- und Sozialwahrnehmung. Sie ist geeignet, wenn die sensorische Integration schon zu einem großen Teil gelungen ist und findet immer in einer Gruppe statt.

Raum-Lage-Orientierung: betrifft die Sicherheit im Erkennen der Raumlage eines Objektes oder des eigenen Körpers im Raum. Hintergrund für eine Raumlagelabilität können sowohl visuelle wie auch taktil-kinästhetische Wahrnehmungsschwächen sein.

Reflex: eine angeborene und automatische Reaktion auf einen Sinnesreiz. Wir haben Reflexe, die dafür sorgen, dass wir uns blitzartig von schmerzhaften Gegenständen, Dingen, die uns erschrecken oder überraschen, zurückziehen können.

Schulabsentismus: Es handelt sich um eine Abwesenheit von der Schule oder dem Unterricht, ohne dass höherrangige Gründe (z. B. medizinische Gründe, hochrangige Familienfeiern, Gerichtstermine) dies rechtfertigen. Gründe können eine Schulphobie, Schulangst oder Schulschwänzen sein.

Seitenbetonung (Asymmetrie): Die beiden Körperhälften verhalten sich ungleichgewichtig oder unsymmetrisch in der Ausführung von Bewegungen. Eine Körperseite bewegt sich z. B. schneller, hat einen größeren Radius, führt die Bewegung gleichmäßiger oder mit mehr Kraft aus. Zu unterscheiden ist eine Seitenbetonung aufgrund der Hemisphärendominanz (ein Rechtshänder schreibt mit der rechten Hand besser und schneller als mit der linken), was sich aufgrund einer Schädigung ändern kann. Kinder mit einer Hemiplegie, die die rechte Seite betrifft, schreiben oft links, auch wenn sie rechtsdominant sind, weil die rechte Hand feinmotorisch beeinträchtigt, also nicht geschickt genug ist.

Sensomotorisch: Sinnesreize (sensorische Reaktion) und die dadurch veranlasste Muskelreaktion (motorische Reaktion) betreffend.

sensomotorisches Lernen: Die Fähigkeit des Gehirns, zu lernen, sensorische Reize zu interpretieren und mit adäquaten motorischen Reaktionen darauf zu reagieren.

sensorische Integrationstherapie: Eine Behandlung, welche die Stimulation von Sinnesorganen und die Auslösung von Anpassungsreaktionen entsprechend den neurologischen Bedürfnissen des betroffenen Kindes vermittelt. Diese Therapie umfasst gewöhnlich Ganzkörperbewegungen, welche eine Stimulation des Gleichgewichtssystems (vestibuläres System), der Eigenwahrnehmung (propriozeptives System) und des Tastsinns (taktiles System) umfasst. Diese Therapie enthält gewöhnlich keine Aktivitäten, die an einem Schreibtisch durchgeführt werden, wie Sprachtraining, Leseunterricht oder Übung bestimmter geistiger oder motorische Fertigkeiten. Das Ziel der Therapie ist die Verbesserung des Ablaufes der Hirnverarbeitungsprozesse und der sinnvollen Ordnung von Empfindungen.

Serialität: Reihenfolgen.

simultanes Bewegungsmuster: beide Körperhälften bewegen sich gleichsinnig und im gleichen Rhythmus (z. B. beim Rudern etc.).

Sinnesreize: eine Reizung von Sinneszellen und die Weiterleitung an das Gehirn.

Spontansprache: Die Sprache, die von selbst ohne bewusste Kontrolle gesprochen wird.

Stammeln: s. Dyslalie.

Stillleben: Anordnung lebloser Gegenstände (in der Malerei in einem künstlerischen Arrangement).

Stimulierung: Anregung, Reizung, Erregung.

Stottern: Störung des Redeflusses.

Syntax: Lehre vom Satzbau.

Tai Chi: Kampfsportart, die in Europa vor allem durch den partnerlosen ruhigen Bewegungsablauf (Schattenboxen) bekannt ist.

taktile Abwehr: Eine Störung der sensorischen Integration, bei der Tast- oder Berührungsempfindungen überschießende und meist abwehrende Gefühlsreaktionen, allgemeine Überaktivität oder andere Verhaltensprobleme verursachen kann.

taktil: betrifft den Sinn der Berührung von Haut und Schleimhäuten.

taktile Wahrnehmung (Berührung und Tastempfinden): ein Spüren von Berührungen der Haut. Zu ihr gehören die Berührungs-, die Erkundungs-, die Temperatur- und die Schmerzwahrnehmung.

Tamburin: kleine Schellentrommel.

Teilleistungsstörungen: Störungen, die in der Regel nur einen Teil der Fähigkeiten betreffen. Für die Schule sind die bekanntesten die Legasthenie (Lese- und Rechtschreibschwäche) und die Dyskalulie (Rechenschwäche).

Tiefensensibilität: Eigenwahrnehmung des Körpers aus Sinneszellen, die sich in tiefer gelegtem Gewebe des Körpers befinden. Sie gibt Informationen über Gelenkstellungen, Muskelanspannungen und Kraftdosierung.

Tonus: auch Muskeltonus. Die Grundspannung der Muskeln, die durch Summation von Einzelzuckungen vieler Muskelfasern entsteht. Ergebnis ist die Muskelspannung.

tonische Blockierungen: hier: Die Atempressungen beim Stottern zu Anfang eines Wortes.

Überkreuzbewegungen: Bewegungen mit den Augen, den Armen oder den Beinen und/oder Füßen, die die Körpermittellinie überschreiten.

Übersensibilität: eine überschießende oder stärkere als normalerweise übliche Reaktion auf einen Reiz.

vestibuläre Wahrnehmung: umfasst die Schwerkraft, die Veränderung der Bewegungsgeschwindigkeit und den Gleichgewichtssinn. Dieses Wahrnehmungssystem reagiert auf die Kopfhaltung in Bezug zur Schwerkraft der Erde sowie auf verlangsamte oder beschleunigte Bewegungen. Die Sinnesorgane befinden sich im Labyrinth des Innenohrs.

vestibuläres System: Gleichgewichtssystem. Das Sinnessystem, das auf die Kopfhaltung in Bezug zur Schwerkraft der Erde sowie auf verlangsamte oder beschleunigte Bewegungen reagiert.

Vestibulärorgan: Das Sinnesorgan bzw. -system, das auf den Zug der Erdschwere und auf alle Bewegungen des Kopfes reagiert. Es befindet sich im Labyrinth des Innenohrs. Jedes Innenohr enthält sowohl Schwerkraft Reizempfänger, die sich in feinen Säckchen befinden, als auch Bewegungsrezeptoren in den Bogengängen.

Visuell: optisch. Betrifft den Sinn des Sehens, wobei Sehen sowohl die Aufnahme der optischen Sinnesempfindungen als auch zugleich die kognitive Verarbeitung dieser Sinnesempfindung umfasst.

visuelle Wahrnehmung: die Aufnahme von optischen Sinnesempfindungen und ihre kognitive Verarbeitung; Wahrnehmung das Sehen betreffend.

viszerale Wahrnehmung: Information aus den inneren Organen und Blutgefäßen (ohne Bedeutung für die sensorische Integration).

Voltigieren: Pferdesportart, bei der auf einem laufenden Pferd Turn- und Geschicklichkeitsübungen durchgeführt werden.

Zischlaute: Laute, die mit Zischen unter Beteiligung der Zähne gebildet werden: *S, Sch, Z, St, X, V, F.*

VIII. Literaturverzeichnis

AYRES, A. J.: Bausteine der kindlichen Entwicklung. Die Bedeutung der Integration der Sinne für die Entwicklung des Kindes. Berlin, Heidelberg, New-York, Tokyo: Springer-Verlag 1984.

BETZ, DIETER; BREUNINGER, HELGA: Teufelskreis Lernstörungen. Theoretische Grundlagen und Standardprogramm. Weinheim: Psychologie-Verlags-Union 1993 (3. Auflage).

BREUER, HELMUT; WEUFFEN, MARIA: Gut vorbereitet auf das Lesen- und Schreibenlernen? Möglichkeiten zur Früherkennung und Frühförderung sprachlicher Grundlagen. Berlin: VEB Deutscher Verlag der Wissenschaften 1990 (7. Auflage).

CÁRDENAS, B.: Diagnostik mit Pfiffigunde. Dortmund: borgmann publishing 2002 (8. Auflage).

HEINER JANSEN; MANNHAUPT, GERD; MARX HARALD und SKOWRONEK, HELMUT: Bielefelder Screening zur Früherkennung von Lese-Rechtschreibschwierigkeiten (BISC). Göttingen: Hogrefe-Verlag, 1999.

KÜSPERT, PETRA; SCHNEIDER, WOLFGANG: Hören, lauschen, lernen. Sprachspiele für Kinder im Vorschulalter. Würzburger Trainingsprogamm zur Vorbereitung auf den Erwerb der Schriftsprache. Göttingen: Vandenhoeck & Ruprecht 2002 (3. Auflage).

PFLUGER-JAKOB, MARIA: Ein Kind fällt auf! Beobachtungen bei Kindern mit sensorischen und motorischen Integrationsstörungen. kindergarten heute 1994, Heft 1–2.

SEDLAK, F.; SINDELAR, B.: Hurra, ich kann's. Frühförderung für Vorschüler und Schulanfänger. Wien: ÖBV Pädagogischer Verlag 1995.

Weiterführende Literatur

BRAND, INGELID; BREITENBACH, ERWIN; MAISEL, VERA: Integrationsstörungen. Diagnose und Therapie im Erstunterricht. Würzburg: Edition Bentheim 1995.

ELLROTT, DIETER; APS-ELLROTT, BARBARA: Förderdidaktik Mathematik. Mathematik Primarstufe. Eine didaktische Betrachtung von Schwierigkeiten im mathematischen Anfangsunterricht. Offenburg: Mildenberger Verlag 1998.

HEUER, G. U.: Beurteilen, Beraten, Fördern. Dortmund: Verlag modernes lernen, Borgmann 1999.

KOWARIK, OTHMAR: Akustisches Wahrnehmungstraining und Training der intermodalen Zuordnung. Wien: Verlag Jugend & Volk GmbH. 1999.

MERTENS, KRISTA: Lernprogramm zur Wahrnehmungsförderung. Dortmund: Verlag modernes lernen, Borgmann 2002.

MILZ, INGEBORG; GÄRTNER, SUSANNE; ZOLLER, INGRID: Rechenschwächen erkennen und behandeln. Teilleistungsstörungen im mathematischen Denken. Dortmund: Verlag modernes Lernen, Borgmann 1994 (2. Auflage).

PIAGET, JEAN; SZEMINSKA, ALINA: Die Entwicklung des Zahlbegriffs beim Kinde, Stuttgart: Klett Verlag 1965.

SCHAEFGEN, REGA: Sensorische Integration. Sich mit seinen Sinnen sinnvoll sichern. Eine Elterninformation zur sensorischen Integrationstherapie. Lüchow: Phänomen-Verlag, Gitta Peyn 2000.

SCHILLING, S.; PROCHING, T.: Dyskalkulie – Praxisbuch. SCHUBI Lernmedien 2000.